그 자리에 있어줘서

고마운 ＿＿＿＿＿＿에게

처음이라 어려운 너에게

처음이라 어려운 너에게

하우석 지음

차례

prologue   누구나 조용히 무너지는 밤이 있다   011

1부 세상이 낯설게 느껴질 때

첫 인생은 늘 서툴다, 그래서 더 아름답다   017
핸드폰 없이도 괜찮은 하루   020
아무도 모르게, 깊어지는 중이야   024
익숙해질수록, 가벼워지는 것들   028
헤매는 자만이 알 수 있는 길   030
누군가의 인생은 네가 부러워하는 그 순간에도 무너지고 있었다   032
넌 나무가 아니니까, 움직여도 돼   034
서툴러서 더 빛나는 순간   036
시작하는 너에게, 세 가지 마음챙김   038
새로운 인연 앞에 선 너에게   040
처음 앞에 선다는 건 늘 조금 무서운 일이니까   042
처음 실패했을 때, 진짜 인생이 시작돼   044
나 자신이 가장 낯설었던 날에   046

묻는 용기가 너를 키운다	048
가짜 목걸이에 인생을 걸지 마	050
진짜 내공, 그 마음의 깊이	052
그 다음엔, 무엇을 꿈꿀까	054
힘들지, 근데 재밌어	056
행복은 이미 길 위에 있어	060

2부 넘어져도 다시 시작하는 방법

작아도, 완벽한 너라는 조각	065
멈춤은 무너짐이 아니야	068
모든 꽃은 제때 핀다	071
나는 나로서 이미 자유롭다	073
인생을 걸 수 있는가	075
매일 쥐어지는 '오늘'이라는 신상	078
100가지 변화를 만드는 단순한 주문	081
쥐를 사랑한 사람	083
결을 따라 흐르는 마음	086
괜찮지 않은 날엔, 그냥 그 자리에 머물러도 돼	088
소중한 손가락 하나	091
시간만이 보여주는 것들	094
돌+꽃, 작은 변화의 시작	098
생각처럼 풀리지 않는 인간관계	099
서두름과 서투름 사이에서	102
흔들리고 젖으며 피어나는 것들	104
퇴근길, 마음의 제출물	107
너의 의미는	110
모두의 속도가 같을 수는 없어	112
마음에도 날씨가 있다면	114

| 모두가 나를 좋아할 수는 없다 | 116 |

3부 버거운 마음을 껴안는 연습

내 마음에도 소파가 필요해	121
웃는 데 이유가 필요할까	123
나는 네 편이야	125
너답게, 그걸로 충분해	127
고요하게 사는 즐거움	130
타인의 다름에 대하여	133
지혜로움과 참신함	136
무뎌짐도 성장이다	138
단추를 채우는 마음	140
문을 먼저 두드린다는 것	142
선택할 수 있는 쪽에 머물러	145
가장 아픈 건, 사람에게서 받은 마음이야	147
은촛대를 건넬 수 있는 사람	150
내 말이 누군가의 무게가 되지 않기를	152
내가 나를 안아줄 수 있어야 해	154
감정을 늦게 꺼내도 괜찮아	156
낮은 곳에서 찾은 진정한 즐거움	158
'나는 괜찮다'는 말이 지치는 날	160
작은 변화가 큰 흐름을 바꾼다	162
그 말 한마디가 참 오래 남더라	164
나는 힐러가 되고 싶어	166
내게 왔던 따뜻함을 누군가에게 돌려주는 일	168
듣고 싶은 단 한 마디 말	170
두려움과 나란히 걷는 길	172

4부 새로운 힘이 필요할 때

자신감을 은쟁반에 담아	179
청년이라는 시간, 성공이라는 질문	181
0과 1 사이의 용기	183
멋이 드는 사람	186
복이 된 콤플렉스	189
오늘을 기획하기	191
달걀이 알려준 것	193
그냥 걷기만 해도 좋아	196
운전대 단상	198
기적이 숨어 있는 날, 오늘	201
세상의 끝에서 외치고 싶은 한마디	204
마음 속 바위	206
3할의 고마움	209
마음도 쭉, 펴줄 시간이 필요해	212
'그럴 수도'라는 수련	215
디테일 라이프, 작은 것들이 만든 큰 인생	217
기다림 속에 피어나는 진가	219
당신은 누구의 영향권 안에 있나요	222

5부 내일이 기다려지는 사람으로

오늘의 자세가 내일을 만든다	227
진정한 '캐퍼'를 찾아서	229
진정한 나를 찾는 여정	232
하나에 집중하라. Only One!	234
낙관의 힘	237
나만의 '브랜드 월드'	240

의심 대신 믿음을 선택할 때	243
25일간의 놀라운 변화	246
하루 단 한 사람	249
나는 어떤 사람으로 기억되고 있을까	251
기억보다 잊는 법이 필요할 때	254
너의 이름은 어떤 메시지일까	257
그럴 수도 있지	260
Pass it on - 따뜻함을 전하는 법	262
뱀은 언제부터 내 안에 있었을까	265
하나의 진지한 다짐	268
사랑하고, 용서하고, 용기를 주는 삶	270
선을 지키는 법	272
흔들릴 땐, 마음 안의 북극성을 따라	274
신이 해결 대신 주는 것	277
기다리기엔 인생이 너무 짧으니까	280

6부 너의 인생을 너답게 그려봐

내 마음의 첫걸음, 단단한 의지	285
죽음을 떠올리며, 삶을 깨닫다	288
향기처럼 번진 작은 용기	292
존중의 부메랑, '하버지'	295
오늘도 작은 일 앞에 서는 너에게	298
'3분'이 가르쳐준 것	300
가장 희귀한 에너지, 감동	303
마음속 하나뿐인 의자	305
인정받고 싶다는 마음이, 너를 자라게 해	307
소리 없는 배려가 말을 걸 때	310
본질은 언제나 준비 중이다	313

One Vision, One Flow	316
나도 고래처럼 항진하고 싶다	318
그 자리가 나를 시험할 때	320
결승선보다 더 값진 것	322
숫자를 감당하는 법	324
마음을 붙잡아준 한 문장	327
그저 하나 더 했을 뿐입니다	330
'살위칭감사긍', 말의 주문	333
1도의 여유, 1도의 변화	335
너의 오늘, 홈런볼처럼	337
잘 지내고 싶은데, 마음대로 안 될 때	340
초콜릿을 쏟으며	343

epilogue　나보다는 '우리'를 향한 길로　　345

prologue
누구나 조용히 무너지는 밤이 있다

나는 지금껏 10여 권의 책을 써왔다.
변화의 도구가 되는 문장을 믿었고,
성장의 방법을 찾아내는 구조를 설계해 왔다.
그런데 문득,
변화가 필요 없는 순간에도,
성장이 멈춘 날에도,
사람은 여전히 살아가야 한다는 걸 깨달았다.
그러다 보니 이제는,
단지 앞으로 나아가는 방법이 아니라
멈춰 있을 때 필요한 언어를 쓰고 싶어졌다.
무너지지 않기 위한 힘 말고,
무너져도 괜찮다는 숨을 건네고 싶어졌다.
이번 책은 그런 내 마음에서 시작됐다.

자기계발이라는 틀에서 한 걸음 물러나,
내가 살아오며 버려낸 마음들,
그리고 끝끝내 나를 붙잡아준 문장들을
가장 나다운 언어로 써 내려가 보기로 했다.

이 책은
'처음'이라는 벽 앞에 선 딸에게 쓴 편지글이지만,
사실은 인생의 낯선 시작들을 하나씩 건너고 있는
누구에게나 건네고 싶은 이야기다.
한 사람의 아버지로서,
먼 길을 먼저 걸어본 어른으로서,
무너질 듯한 날에도
조금은 덜 흔들리게 도와주고 싶은 마음으로 썼다.
그래서 문장은 때때로 반말로 흐르고,
톤은 조용히 손을 잡아주는 듯 낮게 깔려 있다.
그건 의도적인 거리 좁힘이고,
조심스러운 마음의 닿음이기도 하다.
이 책은
전형적인 자기계발서도,
그저 감성만 담은 에세이도 아니다.
삶의 가장 낮은 자리에서,
다시 한번 나를 믿게 해주는 조용한 말들이다.
무너졌던 날들을 돌이켜보면,

늘 그 끝에 누군가의 말 한마디가 있었다.
가볍게 지나간 말이 아니라,
한 사람의 생이 축적된 문장이었다.
이 책에 담긴 글들도
그런 문장이 되길 바란다.
누군가에게는 방향이 되고,
누군가에게는 멈춤이 되고,
또 누군가에게는
다시 한 번 살아보고 싶다는 작은 용기가 되기를.
이 책은
당신을 다시 일으키기 위해
고요히 기다려온 문장들이다.

하우석

1부 세상이 낯설게 느껴질 때

첫 인생은 늘 서툴다, 그래서 더 아름답다

우리는 모두,
'첫 인생'을 건너고 있는
어설픈 여행자야.
처음 살아보는 길 위에서
모든 게 낯설고,
모든 게 조금 벅차지.
세상은 가끔
너무 커다란 숲처럼 느껴지고,
나는 그 안의 작은 풀잎 같기도 하지.
가는 길마다
확신보단 망설임이 먼저 앞서고,
길을 잃을까 봐
한 발짝 내딛기도 두려운 날들이 있지.
근데 말이야,
그 모든 흔들림,
그 멈칫거림조차
너를 더 단단하게,
더 깊게 빚어주는 시간들이야.
실수는 흠이 아니라

너만의 무늬야.
조금 서툰 사랑,
다소 투박한 말,
그런 것들도 결국
너의 성장에 선명히 남는 풍경이더라.
누구도
첫 인생을 매끄럽게 살아낸 사람은 없어.
넘어지고, 울고,
때로는 돌아서고,
다시 돌아보며
조금씩,
자신만의 속도로
빛나는 사람이 되어가는 거야.
그러니까 지금,
그저 그런 날을 통과하고 있는 너,
조금 엉망이어도 괜찮아.
아니,
그 모습 그대로
참 좋아.

첫 인생은
실수투성이일 수밖에 없거든.
그게 바로
너를 피우는 방식이야.
처음 살아보는 우리 인생은
모자란 게 아니라,
그대로 충분한 거야.

핸드폰 없이도 괜찮은 하루

사무실 의자에 앉는 순간,
직감처럼 알았어.
'핸드폰… 집에 두고 나왔네.'
뭔가 중요한 걸 빠뜨린 것 같은
허전함이 가슴을 푹 꿰뚫었지.
가볍게 시작한 하루가
순식간에 불안으로 물들었어.
'중요한 전화라도 오면 어쩌지?'
'오늘따라 나를 급히 찾는 사람이 있으면?'
심지어
'지금이라도 집에 다녀올까?'
머릿속은 걱정이라는 이름의
폭풍으로 가득했어.
하지만 늘 그렇듯
불안은 우리 곁에 오래 머물지 않아.
일에 몰두하고,
점심을 먹고,
사람들과 웃다 보면
슬며시 자리를 비우더라.

문득 생각했어.
'정말 급하면 연구실로 연락 오겠지.'
숨이 조금씩 고르게 돌아왔고,
어느새
핸드폰 없이도
괜찮은 내가 되어 있었어.
생각해보면 그래.
우리가 매일 끌어안고 사는 걱정들,
그 대부분은
'걱정'이라는 이름의 상상일 뿐이야.
한 연구에 따르면
우리가 두려워하는 일 중
실제로 일어나는 건
고작 3% 남짓이래.
그럼 나머지 97%는?
단지,
'아무 일 없었던 하루들'이었겠지.
만약 우리가 상상한 모든 걱정이
현실이 된다면

하루에도 수천 번의 이별을 겪고,
사소한 오해들이
불신으로 번지고,
작은 실수 하나에
모든 게 무너져야 했을 거야.
하지만 봐.
지금 이 순간,
핸드폰 없이도
나는 무사히 하루를 지나고 있어.
그러니까 너도,
마음속을 무겁게 누르고 있는 그 걱정,
잠시 내려놔도 괜찮아.
생각보다 많은 일들은
아무 일도 일어나지 않은 채
그저 조용히
지나가버리니까.
걱정은 늘 미래의 옷을 입고 오지만,
실제로는 아무것도 입지 않은 헛된 그림자야.
너의 걱정도,

오늘 내가 그랬던 것처럼

<u>스르르</u>

아무 일 없이

지나갈 거야.

아무도 모르게, 깊어지는 중이야

어느 산사에 들렀던 날이었어.
나무 그늘을 따라 걷다가
문득 멈춰선 곳.
작은 바위 위,
조그맣게 움푹 패인 자리에
맑고 조용한 샘물이 고여 있었어.
한참을 바라보다
떠오른 말.
'물방울이 바위를 뚫는다.'
바로 그때였어.
산사를 돌보던 스님 한 분이
내 곁에 다가와
조용히 속삭였지.
"이 물방울들,
참 대단하지요.
아무리 단단한 바위라도
시간이 흐르면
결국 구멍이 나고,
웅덩이가 생기지요."

그 말을 듣는 순간,
내 안 어딘가가
소리 없이 떨렸어.
지금은 작고 미약해 보여도
내가 흘려보낸 시간들,
참고, 견디고,
하루하루 쌓아온 그 조각들이
어쩌면 언젠가
내 삶에 가장 단단한 흔적이 될지도 모른다는 생각이 들었어.
눈에 띄지 않는 수고와
말없이 삼켜낸 인내들.
그게 실은
가장 멀리 가는 힘이라는 걸
그날,
그 샘물이 말해줬지.
그러니까
지금의 너도
결과가 보이지 않는다고
초조해하지 마.

너의 그 조용한 노력은
누구 몰래 스며들어
바위를 적시고,
땅을 적시고,
결국엔
커다란 웅덩이를 만들 거야.
언젠가
누군가 너를 보고
말할지도 몰라.
'그 사람,
언제 저렇게 깊어졌지?'
하지만 너는 알 거야.
그 깊이는
어느 날 갑자기 생긴 게 아니라,
오랜 시간
물처럼 고이고,
스며들고,
흘러서
비로소 완성된 거라는 걸.

그러니까 괜찮아.
지금은 조금 느리더라도.
보이지 않아도.
너는 지금,
아무도 모르게
조금씩 깊어지는 중이야.
세상에서 가장 아름다운 흔적은
언제나 조용히 남는 거니까.

익숙해질수록, 가벼워지는 것들

무거운 짐을 들기 가장 좋은 방법은
그 무게에 천천히 익숙해지는 거야.
한 번에 덥석 들 순 없어도,
몇 번이고
조금씩
시도하다 보면
그 무게는
점점 덜 낯설어지거든.
멀리 가는 법도 그래.
처음엔
숨이 차고,
다리가 아프고,
몸이 버거워서
걸음마저 멈추고 싶지만-
하루하루
발을 떼다 보면
그 길도
서서히
내 걸음에 맞춰

다가와 주더라.
그러니까 지금
네가 겪고 있는
이 낯설고 버거운 시기도,
사실은
너를 단련시키는
또 하나의 근력 운동인지도 몰라.
그래.
지금 긴 고난 속에 있다면
다음 번엔
더 짧고,
더 가볍게
넘어갈 수 있을 거야.
지금의 너,
힘든 걸음마다
근육처럼 성장 중이야.
인생의 무게는
익숙해질수록
의외로 가벼워지거든.

헤매는 자만이 알 수 있는 길

때로는
길을 헤맬 때가 있어.
어디로 가야 할지,
얼마나 더 걸어야 하는지
감도 잡히지 않고
마음만 자꾸
조급해지지.
'이러다 큰일 나는 거 아닐까?'
불안이 목구멍까지 차오르지.
나도 종종 그랬어.
앞이 보이지 않는
안개 속을 걷는 듯한 시절이 있었거든.
그때 우연히
톨킨의 시 한 구절이
가슴에 콕 박혔어.
'헤매는 자 다 길을 잃은 것은 아니다.'
그 말 이후,
주저앉는 대신
다시 한 걸음 내딛어 보기로 했지.

나, 비록 헤맸지만
아예 길을 잃은 건 아니었다는 걸
스스로에게,
세상에게
조용히 증명해 보였어.
헤매본 자만이
알 수 있는 길이 있어.
그건
'깨달음의 길'이야.
정해진 길에서 벗어나
더디고 울퉁불퉁한 길을 걷는 동안
우리는 조금씩
스스로를 알아가고 있었던 거야.
길을 잃은 게 아니라,
더 깊이
나를 찾아가는 중이었어.
길은 안개 속에 있는 게 아니라,
사실 내 안에 숨겨져 있거든.

누군가의 인생은 네가 부러워하는 그 순간에도 무너지고 있었다

누군가의 빠른 질주,
다른 이의 성공과 명예,
반짝이는 성취를 바라보다 보면
괜히
마음 한구석이 조급해질 때가 있어.
'나는 왜 이만큼밖에 못 왔을까.'
그런 생각, 누구나 해.
그런데 말이야-
우리가 부러워했던 그 사람도
누군가의 말 한마디에 상처받고,
밤마다 통장 잔고를 들여다보며
혼자 불안을 삼키고 있을지 몰라.
부러움은 늘
겉으로 보이는 장면만 보여줘.
그 사람의 웃는 얼굴 뒤에
무너져 내린 날들이 숨어 있다는 걸
우리는 자주 잊고 살아가지.
그러니까
비교보다는 이해를,

경쟁보다는 여유를
조금 더 품자.
남과 다른 길 위에 서 있다는 이유만으로
너 자신을 탓하지 말자.
속도가 다른 거고,
길이 다른 거야.
그 다름은
부족함이 아니라,
고유함이야.
삶은 성적표가 아니라,
네가 그려가는 풍경이야.
너도,
잘 가고 있어.
조금 다르게-
그게 바로
네 인생이 너답게 흐르고 있다는 증거야.

넌 나무가 아니니까, 움직여도 돼

"네가 있는 그곳이 마음에 들지 않아?
그럼 옮겨.
넌 나무가 아니잖아."
어느 벽에 적힌 짧은 낙서였어.
근데 이상하게,
그 단순한 문장이 오래도록 마음에 남더라.
우린 자주 잊고 살아.
지금의 자리가 전부라고,
여길 떠나면 안 된다고,
참아야 한다고 스스로를 가두지.
하지만 넌 나무가 아니야.
뿌리 박힌 것도,
움직일 수 없는 것도 아니지.
마음에 들지 않는다면
그 자리를 고집하지 않아도 돼.
애써 버티고, 꾹 참고,
상처까지 감추며 서 있지 않아도 괜찮아.
버티는 게 용기일 때도 있지만,
떠나는 게 더 큰 용기일 때도 있어.

마음이 원하는 방향으로
조금씩 몸을 옮겨봐.
가고 싶은 곳이 있다면
망설이지 말고 한 발짝 내딛어도 좋아.
언제든
새로 시작할 수 있다는 건,
우리에게 주어진 가장 근사한 자유야.
넌 움직일 수 있어.
그리고 그건,
생각보다 훨씬 멋진 일이야.

서툴러서 더 빛나는 순간

대학 2학년쯤이었지,
네가 처음으로 쓴 기획서를
내게 보여줬던 날이.
그때 네가
꽤 애썼다는 게 느껴졌어.
프로처럼 보이고 싶었는지
이 단어, 저 단어
잔뜩 끌어다 썼더라.
근데 말이지,
딱 보면 알 수 있었어.
처음 써본 티가 났거든.
어설프고, 조금은 어울리지 않는 표현도 있었지.
하지만 그게
결코 나쁘다는 뜻은 아니야.
처음은 원래 그런 거야.
누구도 단번에
노련한 사람이 될 수는 없어.
아무리 겉으로는 능숙한 척 해도,
처음은

처음일 수밖에 없지.
그래서 오히려-
그 순간이 더 빛나는 거야.
초보라면, 초보답게.
지금 네가 할 수 있는 만큼,
그 기본만 해도 정말 괜찮아.
흉내 내지 않아도 되고,
불안해하지 않아도 돼.
지금 너는
너의 속도로,
너만의 방식으로
충실하게 살아가고 있는 중이니까.
그리고 언젠가,
지금 이 순간을 돌아보게 될 거야.
그땐 알게 될 거야.
서툴렀기 때문에 더 참신했고,
어색했기에 더 진짜였다는 걸.

시작하는 너에게, 세 가지 마음챙김

새로운 프로젝트를 시작한다고 했지.
설레면서도, 왠지 모르게 긴장이 스며들 거야.
그 감정, 아주 자연스러운 거야.
처음엔 누구나 그렇거든.
새로운 일을 시작할 때,
가슴속에 조심히 품으면 좋을 세 가지가 있어.
첫째, 공과 사를 나누는 마음.
일에 감정을 섞다 보면, 방향을 잃기 쉬워.
너무 가까워도 흐려지고,
너무 멀어도 식어버리니까.
둘째, 선과 후의 질서를 지키는 자세.
급하게 앞서가려다 보면
중요한 걸 놓치게 되더라.
차분하게, 하나씩.
셋째, 경과 중을 가리는 눈.
모든 게 중요해 보일 땐
정말 중요한 걸 놓치기 쉬워.
그럴 땐 잠깐 멈추고 물어봐.
"지금, 이 순간 가장 필요한 건 뭐지?"

이 세 가지를 마음에 담기만 해도
일의 흐름이 훨씬 단단해질 거야.
그리고 그 흐름은
결국, 너를
좋은 결과로 이끌어줄 테니까.
무언가를 잘 시작하는 사람은,
이미 반쯤 성공한 거야.
이제 첫발을 내딛는 지금,
네 앞에 부드러운 바람이 불어오길 바란다.
그리고 그 바람이
너의 걸음을 부드럽게 밀어주길.

새로운 인연 앞에 선 너에게

처음 누군가를 만날 땐
가볍게 미소를 짓지만,
마음속은 늘 조금 무겁지.
잘 보이고 싶고,
혹시나 상처 주지 않을까 걱정되고,
괜히 말 한마디에도
스스로를 너무 많이 검열하게 돼.
그런 너에게 말해주고 싶었어.
처음이라는 건
긴장을 안고 피어나는 꽃 같은 거야.
서툴러도 괜찮고,
조금 어색해도 괜찮아.
중요한 건 태도야.
마음을 다 열 필요는 없어.
하지만 진심은 조금 보여줘.
상대가 누구든,
그 사람을 '사람'으로 보는 시선을 잃지 않는 것.
그게 첫 만남에서 가장 아름다운 예의야.
너무 잘하려 애쓰지 말고,

너 자신을 지우지도 마.
있는 그대로의 너로
다정하게 마주하면 충분해.
누군가를 처음 만나는 날은
사실, 너 자신을 새로 만나는 날이기도 하거든.
그러니 오늘,
그 낯선 얼굴 앞에 선 너의 마음도
아주 소중히 다뤄주기를.

처음 앞에 선다는 건 늘 조금 무서운 일이니까

처음 리더의 자리에 섰을 때,
가장 먼저 느끼는 감정은
'자신 없음'이야.
"내가 과연 잘할 수 있을까."
"괜히 이끌겠다고 나선 건 아닐까."
"이들 앞에서 내가 기준이 될 수 있을까."
그런 생각들이 파도처럼 밀려와
밤잠을 설치는 날도 있지.
괜찮아.
그 모든 당혹감과 막막함은
네가 지금 '진짜 리더'가 되려 하고 있다는 증거야.
정말로 위험한 건
아무 고민 없이,
무게를 느끼지 못한 채 앞에 서는 사람이거든.
처음엔 실수할 거야.
말을 잘못 전하거나,
의도를 오해받거나,
생각보다 팀이 잘 안 움직일 수도 있어.
하지만 그런 순간들이

너를 리더답게 만들어줄 거야.
좋은 리더는 완벽한 사람이 아니라,
실수 속에서도 계속 배워가는 사람이야.
그 자리에서
사람을 보는 눈이 생기고,
의견을 경청하는 귀가 열리고,
처음엔 낯설던 무게도, 점점 너의 일부가 되어갈 거야.
그리고 어느 날,
뒤돌아봤을 때,
한 무리의 사람들이
너를 따라 걷고 있다는 걸 알게 될 거야.
그러니 지금 느끼는 그 불안과 두려움,
혼란스러운 그 순간조차
어쩌면 너를 위한 성장의 자양분일지 몰라.
처음 리더의 자리에 선 너에게,
꼭 전하고 싶은 말이 있어.
당황해도 괜찮아.
그 자리는 결국,
너를 더 너답게 키워줄 테니까.

처음 실패했을 때, 진짜 인생이 시작돼

처음 실패했을 때는
세상이 나를 향해 등을 돌린 것 같았지.
그동안 애써 쌓아온 노력,
조심스레 품었던 기대,
조금씩 커져가던 자존감까지
한순간에 무너지는 기분이었을 거야.
아무도 나를 이해하지 못할 것 같고,
심지어 나조차 나를 실망스러워하는 그 마음.
그게 얼마나 깊고 무거운지 나도 알아.
하지만 말이야-
실패는 너를 부끄럽게 하지 않아.
오히려 너를 깊게 만들 뿐이야.
제대로 부딪혀봤기 때문에
지금처럼 크게 흔들리는 거고,
진심을 다했기에
이토록 아픈 거야.
그건
'제대로 살아보고 싶었던 사람'만이
겪을 수 있는 감정이기도 해.

사람은 실패 앞에서
자기를 더 선명하게 알아가.
뭘 견딜 수 있는지,
어디까지가 나인지,
어떤 방향으로 다시 걸어가야 할지를.
그러니 지금 네가 느끼는 이 무너짐은
끝이 아니라,
진짜 네 인생의 첫 페이지일지도 몰라.
넘어졌다면 괜찮아.
넘어진 그 자리에,
무언가 하나쯤은 떨어져 있을 거야.
교훈일 수도 있고,
아프게 배운 너 자신일 수도 있지.
그걸 안고 일어선 너는
예전보다 훨씬 깊은 사람이 되어 있을 거야.

나 자신이 가장 낯설었던 날에

처음으로,
거울 속의 내가
참 못나 보였던 날이 있었어.
왜 그렇게밖에 행동하지 못했는지,
왜 이토록 부족한 건지,
도무지 내 자신이 마음에 들지 않더라.
칭찬도, 위로도
그날따라 아무런 힘이 되지 않았어.
'나는 왜 이 모양일까.'
'왜 난 안되지.'
그 말들이 마음 안에서
메아리처럼 되풀이됐지.
그날, 나는 나를 싫어했어.
조용히, 아주 깊이.
하지만 지금 돌이켜보면
그 마음조차도 사랑의 다른 얼굴이었다는 걸 알겠어.
사람은 자기를 미워할 때조차,
결국은 더 잘 살아보고 싶은 마음을 품고 있어.
그 실망은

진짜 나를 찾고 싶은 갈망이고,
그 혐오는
스스로를 더 나은 방향으로 돌리고 싶은 바람이야.
네가 너를 미워했던 그날에도,
사실은
네가 너를 놓지 않았던 날이었어.
그러니 괜찮아.
완벽하지 않아도,
가끔 무너져도,
여전히 너는 괜찮은 사람이야.
자기를 사랑하는 법은
스스로를 미워했던 기억까지
함께 안아주는 데서 시작되거든.

묻는 용기가 너를 키운다

'밭 가는 일은 머슴에게 물어라.'
오래된 속담 하나에
깊은 진실이 담겨 있어.
지식이 쌓이고,
자리와 이름이 커질수록
우리는 종종 착각에 빠져.
'내가 아는 게 정답일 거야.'
하지만 진짜 강한 사람은
기꺼이 묻는 사람이야.
사장은 말단 직원에게,
선생님은 제자에게,
부모는 자식에게,
지도자는 국민에게—
머리 숙여 물을 줄 알아야 해.
묻는다고 약해지는 게 아니야.
오히려, 그 용기가
네 역할을 더 굳건하게 만들어줘.
'내가 다 안다'는
통제의 환상에서 벗어날 때,

우린 비로소
진짜 어른이 되고,
진짜 리더가 될 수 있어.
질문은 약함이 아니야.
질문은
깊은 신뢰의 시작이자,
성장의 문을 여는 열쇠야.
그러니 주저하지 마.
모르면 물어.
물어야 비로소,
네가 더 커질 수 있어.
묻는다는 건
배움 앞에 선 사람만이 가질 수 있는
아름다운 용기니까.

가짜 목걸이에 인생을 걸지 마

"아, 가엾은 마틸드. 내 꺼는 가짜였어."
모파상의 『목걸이』에서 가장 잊히지 않는 한 문장이야.
이야기는 이렇게 시작돼.
하급 관리의 아내, 마틸드는
장관의 파티에 초대받아
귀부인들 앞에서 초라해 보이고 싶지 않았지.
그래서 친구에게 다이아몬드 목걸이를 빌려
당당하게 파티에 참석해.
하지만 돌아오는 길,
그 목걸이를 잃어버리고 말아.
그날 이후,
마틸드는 남편과 함께
빚을 갚기 위해
무려 10년을 고된 삶 속에서 버텨내지.
그리고 친구를 다시 만났을 때,
믿기 어려운 진실을 듣게 돼.
"내 목걸이?
그건 아주 값싼 가짜였어."
지금 네가 쫓고 있는 것,

그 목표는, 그 꿈은-
진짜일까?
네 인생을 걸 만큼의 '진짜'가 맞는지
한 번쯤 스스로에게 물어봐야 해.
혹시
겉만 번지르르한 '가짜 목걸이'를 위해
너무 많은 걸 잃고 있는 건 아닐까?
시간도, 마음도,
너의 전부를 아낌없이 쏟아낼 수 있는 것-
그게 바로 너의 진짜야.
지금부터라도, 가짜의 환상에서 벗어나
너만의 진짜를 찾으러 나서길 바래.
그리고 그 진짜를,
부끄러워하지 말고 당당히 믿어봐.
네 삶은,
진짜를 향해 가는 여정일 테니까.

진짜 내공, 그 마음의 깊이

진짜 내공이 뭔지 아니?
그건 '내 공'만 챙기는 게 아니라,
'네 공'도 따뜻하게 바라볼 줄 아는 마음이야.
자기 공을 인정받고 싶으면서도
남의 공을 먼저 세워줄 줄 아는 사람.
내 몫을 잊지 않되,
남의 몫까지 자연스럽게 살펴보는 사람.
그게 바로,
진짜 내공이야.
그런 사람 옆에 있으면
이상하게 마음이 포근해지고,
한 걸음 더 나아가고 싶은 용기가 생겨.
크게 말하지 않아도,
조용히 배려하고
소리 없이 품어주는 그 사람.
늘 같은 자리에 머물며
자기보다 먼저 남을 세우는 사람.
그리고 그런 사람 곁엔
말하지 않아도 사람들이 모여.

말리지 않아도, 자연스레 따르게 돼.
진짜 내공은
지식이나 실력이 아니라,
마음의 깊이에서 자라나는 거야.
그러니까,
오늘 너도 그런 사람이 되어보자.
조용하지만 신중하게,
가볍지만 깊게.
무게가 아니라 울림으로 남는 사람.
그게, 진짜 내공이야.

그 다음엔, 무엇을 꿈꿀까

"그 다음엔?"
이 단순한 질문을
자꾸 스스로에게 던져봐.
그러다 보면,
무엇이 진짜 목적이고,
무엇이 그저 지나가는 수단이었는지
점점 더 분명해질 거야.
"일단 취직은 해야지."
그 다음엔?
"돈을 좀 모으고…"
그 다음엔?
"내 사업을 시작할 거야."
그 다음엔?
단순한 이 질문 하나가
너의 인생 방향을
완전히 바꿔놓을지도 몰라.
우리는 종종 목표에만 집중하느라
그 끝에 무엇이 있는지
깜빡 잊고 달릴 때가 많아.

하지만 잠시 멈춰서
'그 다음엔?' 하고 물어보면
진짜 원하는 인생의 풍경이
슬며시 보이기 시작하지.
지금 너는 어디를 향해 가고 있어?
그리고-
그 다음엔,
무엇을 꿈꾸고 있어?
질문은
방향을 바꾸는 힘이고,
진짜를 꺼내는 열쇠니까.

힘들지, 근데 재밌어

"이거…
내가 왜 시작했더라."
어느 날은
그 생각부터
먼저 떠오를 때가 있어.
눈은 흐리고,
어깨는 굳고, 머리는 멍한데
해야 할 일들은
여전히 산처럼 쌓여 있고.
포기하고 싶다는 생각이
슬쩍 고개를 들기도 해.
그런데
이상하지?
어느 순간부터
흐름이 생겨.
호흡이 맞고,
손끝이 살아나고,
생각보다
내가 잘 해내고 있다는 느낌이 오지.

그리고 그 흐름 끝에서
아주 은밀한 미소가
슬쩍 입꼬리를 올려.
'아...
이 맛에 하는 거였지.'
나도 모르게
작게 중얼거리게 돼.
글쓰기,
외국어,
그림,
악기연주...
처음엔 어렵고,
중간엔 지루하고,
끝에 가서는
어느새
가슴이 두근대.
재미가 섞인 힘듦은
그 자체로
삶의 근육이 돼.

포기하고 싶을 때
조금만 더 가보는 연습,
지겨워도
끝까지 해보는 연습,
그리고 다시
그 길을
또 걷고 싶은 마음이 드는 연습까지.
그래서
이제는 '힘들다'는 말에
'근데, 재밌어'를 꼭 붙여.
그 말이
내 오늘을 견디게 해.
'힘들지만 괜찮아.
웃을 수 있으니까.
이 길이
생각보다 나를 잘 데려가고 있어.'
그리고 너도
언젠가 알게 될 거야.
진짜 재미는

힘든 끝에서
살짝 늦게 도착하더라.

행복은 이미 길 위에 있어

지금 이 순간에도 수많은 사람들이
'행복'이라는 이름의 목적지를 향해 달리고 있어.
돈, 명예, 지위, 권력…
무언가를 손에 넣어야 비로소 웃을 수 있을 거라 믿으며,
하루하루를 바쁘게 내달리지.
그런데 말이야,
그렇게 숨차게 달리는 사람들의 얼굴엔
기쁨보다 그림자가 더 짙게 드리워져 있을 때가 많아.
왜일까.
이럴 때,
싯다르타의 말을 가만히 떠올려봐야 해.
"행복에 이르는 길이란 없다.
행복이 곧 길이다."
행복은 어딘가에 도달해야 얻는 보상도,
내일의 조건부 선물도 아니야.
행복은 우리가 걷고 있는 바로 이 길 위에
이미 조용히 놓여 있어.
우리는 자주 착각하지.
저 멀리 도착지에 가야 비로소 웃을 수 있을 거라고.

하지만 도착만 바라보느라,
지금 발밑에 피어나는 작은 꽃들을 자꾸 놓쳐버리곤 해.
행복은 늘 '언젠가'가 아니라 '지금'이야.
네가 커피를 마시며 잠시 멈춰 선 그 순간,
친구의 한마디에 웃음 짓는 그 찰나,
너무 예뻐서 휴대폰을 꺼내게 되는 노을빛 하늘.
그 모든 순간 안에
행복은 이미 숨 쉬고 있었던 거야.
기억해줘.
행복은 먼 미래의 보상이 아니라,
네가 오늘도 무사히 걸어 낸 그 길 위에 놓인 선물이야.

2부

넘어져도 다시 시작하는 방법

작아도, 완벽한 너라는 조각

직장생활.
누구나 겪는 일이지만
막상 그 안으로 들어가 보면
결코 만만치 않다는 걸
절실히 알게 되지.
매일같이
치열하게 살아내는 하루들 속에서
문득 이런 생각이 들곤 해.
'나는 그냥
전체를 이루는
하나의 작은 조각일 뿐이잖아.'
그래.
크기만 보면
맞는 말일지도 몰라.
하지만 우리는
그 '조각'을
너무 쉽게
가볍게 여기곤 하지.
그래서

'쪼가리'라는 말로
스스로를 낮춰 부르기도 해.
천 쪼가리,
신문 쪼가리,
빵 쪼가리…
그런데 잘 생각해봐.
그 쪼가리들이
얼마나 귀하고
요긴한 존재인지.
알록달록한 천 조각들이 모여
세상에 단 하나뿐인 퀼트를 만들고,
신문 한 귀퉁이의 작은 기사가
훗날
역사를 증언하는 기록이 되기도 해.
빵 한 조각은
굶주린 아이의
생명을 지키기도 하지.
그래서 나는
"신입 따위가요."

"저 같은 말단이 뭘 하겠어요."
라는 말을 들을 때마다
마음이 쓰여.
그 '따위'라고 낮춰 말한 그 조각이
전체를 완성시키는
마지막 퍼즐 조각일지도 모르는데.
그 조각이 없으면
전체는
끝내 완전해질 수 없으니까.
작다고,
초라하다고,
티 나지 않는다고
너를 깎아내리지 마.
모든 조각은
제자리에 있을 때
비로소 아름다워.
그리고 너는,
그 전체를 빛나게 만드는
단 하나의 완벽한 조각이야.

멈춤은 무너짐이 아니야

모든 게
그럭저럭 잘 흘러가는 듯한데도
문득,
가슴 한 켠이 답답할 때가 있어.
해야 할 일도 알고,
가야 할 곳도 아는데—
왠지
한 발짝도 움직이고 싶지 않은 날.
그럴 땐
억지로 애쓰지 않아도 괜찮아.
자꾸만
앞으로만 가려는 마음을
조용히 앉혀두고,
그저
숨을 고르는 거야.
세상도
매일 해가 뜨는 건 아니잖아.
가끔은
구름 낀 날이 있어서

오히려
푸르름이
더 깊게 다가오기도 하지.
멈췄다고 해서
모든 게
무너지는 건 아니야.
그건,
잠시 길가에 앉아
스스로를 다독이는 시간일 뿐이야.
속도가 전부가 아니야.
방향을 잃지 않았다면,
지금은
멈춰도 괜찮아.
그러니 오늘은
한 발 늦어도,
한참 머물러도,
괜찮아.
네 마음이
다시

숨 쉬는 소리가 들릴 때까지.
멈춤은
넘어짐이 아니라,
네 안을 채우는 시간이야.

모든 꽃은 제때 핀다

누군가는
벌써 앞서 달리고 있는데,
나는 아직
출발선에서 망설이는 중일 때가 있어.
아직 준비 중일 뿐인데도
자꾸만 뒤처진 기분이 들곤 하지.
그런데 말이야,
인생에는 누구에게나
자기만의 계절이 있어.
봄을 알리는 꽃도 있고,
늦은 가을에야
피어나는 꽃도 있잖아.
누군가의 개화는
너의 시계와는 아무 상관이 없어.
꽃이 피는 시기가 다르다고 해서,
그 꽃이 덜 찬란한 건 아니니까.
느리게 걷는다고 걱정하지 마.
가장 늦게 피는 꽃이
가장 오래도록 피어 있는 법이야.

그러니 조급해하지 마.
지금 너는
네 속도로 걷는 중이야.
누구의 해 아래도 아닌,
너만의 햇살 아래서-
아주 천천히,
그러나 분명히
피어나는 중이니까.
그게 바로
세상이 너를 기다려온
진짜 계절이 오는 길이야.
꽃은
서두르지 않아도
자기 때에 가장 환하게 핀다.

나는 나로서 이미 자유롭다

언제부턴가
'자유롭다'는 말을 입에 올릴 때마다
그 앞엔 늘 '~로부터'가 따라붙었어.
부모로부터, 사회로부터, 책임으로부터…
그래서 자유란 건
무언가를 자꾸 떼어내야만
겨우 얻을 수 있는,
치열하고 고된 싸움처럼 느껴졌지.
버려내고, 이겨내고, 벗어내야만
비로소 쥘 수 있는 것처럼.
그건 어쩐지
자유가 아니라 '노동' 같았어.
그런데 어느 날,
고요한 순간에 문득 생각이 바뀌었어.
진짜 자유는
멀리 도망쳐야만 얻는 게 아니더라.
누군가를 밀어내고, 어딘가를 탈출해야만
주어지는 것도 아니더라.
그냥-

나로서 존재하는 것만으로도
이미 충분히 자유로울 수 있다는 걸.
자유는
누군가로부터 멀어지는 게 아니라,
나에게로 가까워지는 길이었어.
그래서 이제 나는
누구로부터 자유로워지지 않아도 괜찮아.
그냥,
나로 있는 지금 이대로
나는 이미 자유로운 사람이야.

인생을 걸 수 있는가

호기심과 비전.
처음엔
그 둘이
참 비슷해 보여.
눈을 반짝이게 만들고,
심장을 살짝 뛰게도 하지.
하지만 그 둘 사이에는
결정적인 물음 하나가 있어.
"너는
그것에 인생을 걸 수 있니?"
걸 수 없다면,
그건 그냥 호기심이야.
잠시 마음이 머물다 가는
바람 같은 것.
하지만 걸 수 있다면,
그건 너만의 비전이야.
조금 흔들려도
다시 붙잡게 되고,
멀어져도

결국 돌아오게 되는 마음.
잠깐 끌리는 것과
오래 믿는 것의 차이.
그건 결국
마음이 머무는
깊이에서 갈라져.
어떤 길을 걸을지,
무엇을 좇을지-
그 선택의 무게는
'인생을 걸 수 있는가'
거기에 달려 있어.
네가 정말로 믿는
그 무언가가 있다면-
그 믿음 위에 인생을 올려봐.
두려워도 괜찮아.
진심은
늘 두려움보다 힘이 더 세니까.
비전은
멀리 있는 별이 아니라,

매일을 살게 하는 이유야.
끝까지 걸어본 사람만이 알아.
그 길이
나를 데려간 게 아니라,
내 마음이
길을 만들고 있었다는 걸.

매일 쥐어지는 '오늘'이라는 신상

오늘을 쓰는 법
"교수님, 잘 산다는 건 어떤 건가요?"
한 학생이 조심스럽게 물었어.
나는 잠시 창밖을 보다가
그 애에게 천천히 말했지.
"경제적으로 풍요로운 것도 중요하지.
하지만, 나는 그렇게 생각해.
지나온 하루를 돌아봤을 때
수고한 나 자신에게
괜찮았다고, 고맙다고
살며시 고개가 숙여지는 삶.
그게 진짜 잘 사는 거 아닐까."
제자는 한참 말없이 고개를 끄덕이더니
작게 웃으며 속삭였어.
"그런 순간, 지금까지 없었거든요.
오늘부터 새로 시작하면 될까요?"
나는 웃었어.
"당연하지."
새로 시작한다고 해서

머리를 자를 필요도,
새 다이어리를 살 필요도 없어.
너의 손엔
누구도 손대지 않은
완전히 새롭고 깨끗한
'오늘'이라는 신상이
매일 쥐어지거든.
잘 산다는 건
거창한 목표보다
오늘을 잘 쓰는 거야.
그 하루 끝에
잠들기 전에
가슴 한 켠이 살짝 뿌듯해지는 것.
크게 웃을 필요도 없어.
누구한테 인정받지 않아도 돼.
오늘의 너에게
네가 스스로 박수칠 수 있다면
그게 잘 산 거야.
잘 산 하루는,

내일을 덜 두렵게 만들어 준다.

100가지 변화를 만드는 단순한 주문

하나.
버려야 할 습관 하나를 골라봐.
크지 않아도 괜찮아.
이번엔 입으로 말만 하지 말고
조용히, 삶으로 내려놔.
미련도, 핑계도 없이
그냥 손에서 놓아봐.
생각보다 덜 아플 거야.
손에 오래 쥐고 있던 돌멩이를
슬며시 물가에 내려놓는 것처럼
네 마음 안의 무게가
소리 없이 가벼워질 거야.
둘.
붙들어야 할 습관 하나를 정해봐.
아무리 사소해도 괜찮아.
비 오는 날에도,
모든 게 귀찮은 날에도,
그걸 무의식처럼 반복해.
사람은 결국

자기가 쌓아 올린 습관 위에 살고
자기가 놓아준 습관만큼 자유로워져.

버리는 것.
그리고 붙드는 것.
이 단순한 두 가지만
진심으로 실행해 봐.
그렇게 하면
네 인생의 100가지쯤은
거창한 계획 없이도
서서히, 그러나 분명하게
바뀌어 있을 거야.
한 인생을 뒤집는 건
거대한 계획이 아니라,
작은 습관이거든

쥐를 사랑한 사람

쥐.
현대인이 가장 혐오하는 동물 중 하나지.
그런데 신기하지 않아?
같은 쥐가
현대인이 가장 사랑하는 캐릭터이기도 하니까.
이 모순된 진실이 가능했던 건
단 하나,
'문화적 상상력'이라는
마법 덕분이야.
월트 디즈니.
그는 누구도 주목하지 않던
흑백 스케치 속 작은 쥐에게
마음과 생명을 불어넣었어.
'미키 마우스'라는 이름으로
세상에 풀어놓자,
그 보잘것없던 쥐는
아이들과 어른들의 마음을
툭, 훔쳐버렸지.
부도,

명예도,
그보다 더 큰
'디즈니라는 세계'도 따라왔지만,
그 시작은
오늘 우리가 아는 환호와는
전혀 다른 풍경이었어.
디즈니가 신입사원이었을 때,
그의 상사는 차갑게 말했대.
"그 따위 쓸모없는 낙서에
왜 시간을 버리고 있나?"
상사의 눈엔 그저 낙서였지만,
디즈니의 눈엔
'미키 마우스 제국의 첫 번째 벽돌'이
선명히 보였던 거야.
같은 것을 보고도
누군가는 쓰레기를 보고,
누군가는 가능성을 봐.
창조에는 언제나 조롱이 따라.
새로운 상상력은

늘 낡은 시선들의 비웃음을
데리고 오거든.
하지만 그 앞에서 멈췄다면,
쥐는 그냥 쥐로 끝났을 거야.
누군가의 상상은
또 다른 이의 세계를 바꾸는 씨앗이 돼.
디즈니가 멈추지 않았기에
우리는 쥐를 보며 웃을 수 있어.
멈춘 사람의 세상은
늘 똑같고,
멈추지 않은 사람의 세상만
새롭게 열리거든.

결을 따라 흐르는 마음

신문지를 가로로 찢어봐.
엉망이 되지.
찢긴 자국이 흐트러지고
마음처럼 지저분해져.
그런데 이번엔
세로로 찢어봐.
놀랄 만큼
부드럽게 찢어질 거야.
마치 애초부터 그랬던 것처럼.
세상 모든 것엔
'결'이라는 게 있어.
종이에도,
사람의 말에도,
인생의 문제에도
그 나름의 흐름이 있더라.
억지로 비틀고
내 힘으로만 밀어붙이려 하면
우린 더 많은 상처만 남기지.
그러니까

힘주지 말고
흐름을 믿어봐.
절대로,
부드럽게,
자연스럽게,
그러면서도 흔들림 없이.
기다리고
따라가다 보면
꼬였던 일들이
어느 순간
스르르 풀리는 때가 오더라.
인생은 밀어붙이는 게 아니라
결을 만져보는 거야.
힘으로 풀어내는 게 아니라
흐름으로 풀리는 거야.

괜찮지 않은 날엔, 그냥 그 자리에 머물러도 돼

가끔 그런 날이 있어.
딱히 무슨 일이 있었던 것도 아닌데
마음이 이유 없이 푹 꺼지는 날.
사람들 틈에 서 있는데
왠지 혼자인 것 같고,
늘 앉던 연구실 책상 앞에서도
내가 천천히 바닥 아래로
가라앉는 기분이 드는 날.
오늘이 딱, 그런 날이었어.
누구한테 하소연하자니
"그럴 수도 있지"라는 말이
괜히 더 서럽게 들릴 것 같고,
그냥 혼자 삼켜야 할 감정처럼 느껴졌지.
모른 척,
괜찮은 척,
하루를 흘려보낼까
조용히 고민했어.
그런데 오후,
연구실 창가에 앉아

커피 한 모금 넘기던 순간
유난히 따뜻한 햇빛이 손등을 건드렸어.
무심코 창밖을 봤더니
개나리가
아무 일 없다는 듯 활짝 웃고 있더라고.
그 순간 문득 생각했어.
'아, 나만 겨울이었구나.'
그리고 동시에
'그래도 봄은,
조금도 나를 기다리지 않고
이미 내 곁에 와 있었구나.'
감정은 늘
고요히 흐르는 강 같아.
지금은 저 깊은 곳까지 내려앉아도
시간이 지나면
다시 수면 위로 천천히 떠오르게 돼.
그러니까 괜찮지 않은 날엔
괜찮은 척하지 않아도 돼.
그 마음 그대로

그 자리에 잠시 머물러도 괜찮아.
흐려도 괜찮은 하루가 있고,
울적해도 소중한 하루가 있어.
오늘은 그저
한 걸음만큼만 견뎌내도 괜찮아.
억지로 걷지 않아도
그 자리에 멈춘 것도
하루를 살아낸 거니까.

소중한 손가락 하나

한 간호사에게 들은 이야기야.
아침 일찍,
주름 깊은 어머니가
젊은 딸의 손을 꼭 잡고
병원을 찾았대.
그들은 마치
세상에 둘만 남은 듯
서로의 손을 단단히 부여잡은 채
진료실 앞에서 묵묵히 이름이 불리길 기다렸지.
드디어 차례가 오고,
진료실 문이 열리자
늙은 어머니는 눈물 고인 얼굴로
의사 앞에 서서 말을 꺼냈대.
"이 금쪽같은 딸아이가요,
아주 어렸을 적에
농기구에 손을 다쳤슈.
그때 접합수술을 받긴 했는데,
약지 하나만은 끝내
실패봤슈.

곧 시집을 가야 하는데,
결혼반지를 끼울 손가락이 없으니… 에휴…"
말끝을 흐리던 어머니는
손등으로 눈물을 훔치며
조심스레 말을 이었대.
"내 손가락 한두 개쯤 없어도
이 늙은이는 아무 상관 없슈.
그러니…
내 손가락 뚝 잘라다가
이 아이 손에 좀 붙여줄 수 없을까 해서유…"
그 한마디에
진료실은 숨조차 멎은 듯
고요해졌다고 해.
누군가에겐
너무나 당연하고
심지어 무심하게 느껴지는
손가락 하나.
하지만
그 하나가

누군가에겐
평생 가슴에 묻어둔 결핍이고,
삶을 건 간절함일 수 있어.
이 짧은 이야기는
우리가 얼마나 쉽게
'있는 것'에 무뎌지고
'없는 것'만 더 크게 바라보며 살아가는지
조용히 되돌아보게 해.
정작
우리가 가장 소중하게 여겨야 할 것들은
늘 손에 쥐고 있으면서도
가장 늦게야
그 무게를 느끼게 되니까.

시간만이 보여주는 것들

"잘 모르겠어.
왜 이렇게 인생은 어려운 걸까."
너의 한숨 같은 말이
아직도 귓가에 남아.
솔직히 말해서
나도 너랑 크게 다르지 않아.
지천명을 넘겼어도
모르는 게 산더미고,
자주 넘어지고,
후회라는 이름표 달고
하루하루 살아가고 있지.
다만,
세월이라는 이름의 강을
천천히 건너면서
내 안에서
조금 달라진 게 있다면-
세상을 다 알게 된 게 아니라
세상에 덜 휘둘리게 되었다는 거야.
예전에는

'세상이 끝난 것 같아'
그렇게 절망했던 일들이
시간이 지나면
'별일 아니었네'
웃으며 넘기게 되더라.
그 웃음들이
조금씩 쌓이고 쌓여
내 안에 견디는 힘이 자랐어.
그리고 또 하나.
예전엔
그저 스쳐 지나가던 사소한 순간들이
지금은
세상에서 가장 소중하다는 걸
알게 됐어.
너랑 눈 마주치며 웃던 시간,
손을 잡고 걸었던 오후,
함께 보낸
그 작고 평범한 날들이
돌아보면

가장 반짝이는 보석 같은 기억이야.
세상이 말하는 '가치'는
생각보다 허망하더라.
진짜 가치는
내가 내 안에서
조용히 찾아낸 것들이었어.
삶의 값어치는
속도나 크기가 아니라
얼마나 오래
내 마음에 남느냐로 결정돼.
이제는
세상의 시간표가 아니라
나만의 걸음으로,
나만의 방법으로
내 삶의 가치를
천천히 만들어가고 있어.
그러니까
너도 조급해하지 말고
너만의 속도로

너에게 귀한 것들을
하나하나
찾아가면 돼.
인생의 진짜 보물은
남이 '대단하다'고 말할 때가 아니라,
내가 내 안에서
'참 좋았어' 하고
혼자 미소 지을 때야.

돌+꽃, 작은 변화의 시작

돌 위에
꽃을 그리면
그 돌은
이제 그냥 돌이 아니야.

돌꽃이 되거나,
꽃이 피어 있는 돌이 되거나.
어쨌든,
그건 분명히 달라진 거야.

우리가 꽃을 그리는 이유.

그건,
변화의 힘을 믿기 때문이야.

작은 색 한 방울에도
세상이 조금씩 달라질 수 있다는 걸
우리는
이미 알고 있으니까.

생각처럼 풀리지 않는 인간관계

나도
가끔 그래.
정말 잘 지내고 싶은 사람인데,
이상하게 어긋나버려.
내 의도는 그게 아니었는데
그 사람의 표정이 굳고,
그 뒤로는 침묵만 남지.
말이 길어질수록
설명은 변명처럼 들리고,
상황은 점점 더 꼬여만 가.
'어쩌다 이렇게 된 걸까?'
스스로에게 자꾸 되묻게 돼.
마음이 쓸쓸해지고,
내 탓 같다 싶다가
또 어떤 순간엔
괜히 그 사람 탓 같기도 해.
우리는 누구나
사람 사이의 '잘 지내기'를 꿈꿔.
하지만 관계는

생각보다 훨씬 더 복잡한 생물 같아.
오해,
불쑥 튀어나온 말,
말하지 못한 감정들,
아무 말 없이 쌓인 서운함까지-
그 모든 게
우리 사이를 얽고, 끌고, 흔들지.
깨끗하고 단단한 관계를
지키는 일은
사실, 거의 기적에 가까워.
그래서 더 중요한 건
기적을 기다리는 게 아니라,
그 어긋남을
조금씩 견디는 마음이야.
서운함을 안고도
여전히 그 사람을 바라보는 용기.
이해하지 못해도
다시 말 걸어보는 다정함.
관계란

좋은 순간들만 엮어 만든 예쁜 엽서가 아니라,
어긋나고, 멀어졌다가
다시 다가가는
그 복잡하고도 아름다운 여정이니까.
우리가 해야 할 건
그 여정을 외면하는 게 아니라,
그 안에서
천천히, 길을 찾아가는 일.
인간관계의 지혜는
잘 지낼 사람을 찾는 데 있지 않고,
엉킨 마음을 푸는 법을 배우는 데 있어.

서두름과 서투름 사이에서

일이 뜻대로 되지 않을 땐
대개 두 가지 이유가 있어.
하나는, 너무 서두른 탓이야.
우린 언제나 빨리 도착하고 싶어 하지.
조금이라도 앞서가고 싶어서,
마치 세상이 등을 떠밀어주는 것처럼
마구 달려나가지.
그런데 지나고 나면 알게 돼.
그건 내 때가 아니었다는 걸.
시간은 때로 멈춤으로
가장 깊은 가르침을 주거든.
다른 하나는,
아직 서툴러서야.
우린 뭔가를 해보기도 전에
자꾸 실망하고 좌절하곤 해.
하지만 실수는 말해줘.
아직 더 보고, 더 배우고, 더 겪어야 한다고.
길은 겁내는 이가 아닌,
익숙해질 때까지 계속 걷는 이의 것이니까.

서두름과 서투름.
이 두 장벽은
누구에게나 어렵고도 낯선 벽이야.
하지만 그 벽을 조급하지 않게,
스스로를 탓하지 않으며 넘는 법을 배운다면
어느새 내 길이 조금씩 넓어지고 있을 거야.
그리고 오늘,
그 모든 장벽 앞에서
조용히 잘 버틴 너에게 말해주고 싶어.
오늘도,
정말 잘했어.
길은
달리는 사람의 것이 아니라,
끝까지
걸어낸 이의 몫이니까.

흔들리고 젖으며 피어나는 것들

passion,
누구나 아는 단어지.
그 뜻을 묻는다면
대부분 이렇게 말할 거야.
"뭔가에 뜨겁게 몰입하는 마음."
맞아.
하지만 이 단어의 뿌리를 따라가다 보면
조금은 낯설지만
훨씬 본질에 가까운 뜻 하나가 숨어 있어.
바로 '고난'.
예전에는
passion 안에
기꺼이 감내하는 고통,
스스로 감수하는 인내가
함께 담겨 있었거든.
그 사실을 알고 나서
나는 조용히
내 안에서
열정을 다시 정의했어.

피할 수 없는 고난을
이겨내는 힘.
그게 나에게 열정이었어.
누군가에겐 열정이
장밋빛 설렘일지 몰라도
내게 열정은
거센 바람과 높은 파도를
정면으로 마주하는 용기야.
기꺼이 젖고,
흔들리며,
때로는 무릎 꿇을지라도
다시 일어서는 힘이지.
시인은 노래했지.
"흔들리지 않고 피는 꽃이 어디 있으랴."
그리고 덧붙였어.
"젖지 않고 가는 삶이 어디 있으랴."
맞아.
꽃은
젖고,

흔들리고,
때로는 꺾이고 나서야
비로소 피어난다는 걸.
그러니 모두가
마른 길만을 원할 때
너만은
물에 젖을 줄 알고,
바람에 흔들릴 줄 아는 사람이 되길.
젖고 흔들려서 피어난 꽃만이
진짜 향기를 남기거든.

퇴근길, 마음의 제출물

조금 일찍 퇴근하던 날이었어.
해가 지기도 전에
어둑해진 하늘을 보며
버스 창가에
조용히 기대 앉아 있었지.
헤드폰에선
익숙한 멜로디가 흐르고,
창밖으론
붉은 불빛을 달고 달리는 차들이
바삐 지나가고 있었어.
별일 없던 하루였는데도
괜히 눈가가
시큰해지는 그런 날.
'왜 이렇게 피곤하지?'
'나는 지금 잘하고 있는 걸까?'
말로는 다 꺼낼 수 없는 물음들이
조용히
마음 한가운데를 두드렸지.
그때였어.

앞자리에 앉은 초등학생이
엄마 손을 꼭 쥐고
말했어.
"나 오늘 숙제 다 했어!"
순간,
그 말이
내 마음에
쿵, 하고 내려앉았어.
그래.
나도 오늘,
내 몫의 숙제를
다 했지.
아무도 칭찬해주지 않았지만
아무도 알아주지 않았지만
그래도
나만은 알지.
하루라는 숙제를
조용히,
묵묵히

내가 끝까지 살아냈다는 걸.
어쩌면 우리는
매일 숙제를 내듯
살아가는 건지도 몰라.
때로는 무거운 가방을 메고,
때로는 빈손으로.
그래도 하루하루
조용히
제출하면서 말이야.
그러니까 오늘도
너만의 숙제를 끝낸 너,
정말 수고 많았어.
하루를 다 살아낸 사람에게
가장 먼저
박수쳐야 하는 건
언제나
자기 자신이야.

너의 의미는

요즘은 이상하게도
집에 돌아가는 길이
제일 좋아.
문을 열면
따뜻한 불빛과
익숙한 공기,
그리고 강아지가
꼬리를 흔들며 나를 반겨주지.
그 작은 생명체 하나가
온종일
나만을 기다려줬다는 사실이
어느 날은
괜히 가슴을 울컥하게 만들어.
누군가 나를 기다린다는 것.
내 존재가
누군가에겐
의미가 된다는 것.
그게 이렇게
커다란 위로가 될 줄

정말 몰랐어.
너도 분명
그런 존재일 거야.
누군가에게는
소중하고,
기다려지고,
없는 날엔
허전한 사람.
너는
그저 그 자리에 있는 것만으로도
누군가의 하루를
따뜻하게 해.
그러니까
너는 이미
누군가의 의미야.
너도 모르게.

모두의 속도가 같을 수는 없어

인스타그램을 보면
모두가 앞서가는 것 같아.
커다란 집,
연봉 인상,
멋진 차,
럭셔리 여행까지.
축하할 일들이
넘쳐나는데
나는 여전히
제자리인 것 같지.
괜히 초조해지고,
'나는 왜 이렇게 느릴까'
<u>스스로를</u>
자책하게 되는 날도 있어.
그런데 말이야-
누구에게나
자신만의 계절이 있어.
지금 봄을 맞은 사람도 있고,
아직 겨울의 끝자락에

서 있는 사람도 있지.
너는 지금
너만의 시간 안에서
묵묵히,
조용히
살아가고 있는 중이야.
조금 늦는다고
그게 실패는 아니야.
그건 그냥
너다운 걸음인 거야.
세상에는
빠른 걸음도 있지만,
예쁜 걸음도 있으니까.

마음에도 날씨가 있다면

어느 날은
괜히 속상해.
친구가 문자를
늦게 확인해도
'내가 뭐 잘못했나?' 싶고,
제자의 말투 하나에
마음이 무너지고.
그럴 땐 꼭
'내가 너무 예민한 걸까?'
'왜 이러지?'
스스로를 탓하게 돼.
그런데 문득
이런 생각이 들었어.
'마음에도
날씨가 있다면
오늘은 흐림이겠구나.'
감정은
늘 맑을 수 없어.
때로는

구름이 끼고,
비가 내리기도 하지.
그건 그냥 자연스러운 거야.
흐림도
비도
잠깐 머물다 갈 테니까.
조금 기다리면
어느새
햇살이 다시 비출 거니까.
그러니까
흐린 날의 마음에도
괜찮다고
살며시 우산 하나
펴줘도 돼.

모두가 나를 좋아할 수는 없다

교회 신도는 물론
사회적으로도 신망이 두터운
어느 목사님에게
한 신학생이 물었어.
"목사님은
모든 사람들이 따르고 좋아하니까
참 좋으시겠어요."
그러자 목사님은 웃으며 대답했지.
"사실 모든 사람들이 나를
좋아하는 건 아니라네.
사업을 확장하면
욕심부린다 하고,
사업을 줄이면
소극적이라고 하지.
설교가 길면 지루하다고 하고,
짧으면 성의없다고 하지.
만약 자네 눈에
모든 성도들이
나를 좋아하는 것처럼 보였다면,

그건 순전히
'모든 이가 날 좋아하고 있어'라는
자기 암시 속에서
내가 나만의 방식으로
살아가고 있기 때문일 걸세.
나는 알고 있다네.
절대로
모두가 나를 좋아할 수 없다는 사실을."

그 사람이 너를 좋아하지 않는 것,
또 네가 그 누군가를 좋아하지 않는 것,
그건
그저
세상이 자연스럽게
흘러가는 방식이야.
모두가 나를 좋아할 수 없듯,
나 역시 모두를
좋아할 수는 없으니까.

3부

버거운 마음을 껴안는 연습

내 마음에도 소파가 필요해

퇴근 후
소파에 툭, 몸을 던졌을 때.
그 순간이
요즘 하루 중
제일 행복한 시간이야.
아무 생각 없이
드라마를 틀어놓고,
따뜻한 차 한 잔 마시면서
나도 모르게 한숨을 쉬지.
그걸 본 아내가
웃으며 말했어.
"소파랑 너무 친한 거 아냐."
근데 있잖아,
그 말이 왠지
위로처럼 들렸어.
누군가에게 기대어 쉬는 것처럼
나도 그렇게
기대어 쉴 수 있는 공간이
있다는 게

참 다행이더라고.
우리 마음에도
그런 소파 하나씩은
필요한 것 같아.
누군가에겐
사람일 수도 있고,
누군가에겐
조용한 공간일 수도 있고,
어쩌면
나 자신이
그 소파가 되어줄 수도 있고.
가끔은
아무 이유 없이
기대어 쉬어도 되는
내 마음만의 소파,
그 하나쯤은
우리에게 있어야 하지 않을까.

웃는 데 이유가 필요할까

편의점 앞 벤치.
혼자 앉아 음료수를 마시고 있었어.
바로 옆엔
서로 마주 앉은 커플이
얼굴을 보며 꺄르르 웃고 있었지.
왠지
나만 정지화면인 것 같고,
그들의 온도가
조금 부럽기도 했어.
그런데 문득,
거울을 봤는데-
나도 모르게
살짝 웃고 있더라.
그래,
나도 웃고 있었던 거야.
사람은 꼭
무언가 대단한 이유가 있어야
웃는 건 아니야.
작은 햇살에도,

따뜻한 말 한마디에도
문득 마음이 풀리고,
입꼬리가 올라가거든.
그리고 너도-
오늘 누군가의 마음을
조용히 풀어줄 수 있는 사람이야.
그냥
지금처럼
그 자리에 있어 주는 것만으로도
누군가에겐
충분히
따뜻한 온기가 되니까.

나는 네 편이야

어느 날
학생 한 명이 찾아와
말했어.
"교수님, 저 너무 힘들어요."
나는
말문이 턱 하고 막혔어.
뭐라고 해야 할지
몰랐거든.
조언은
너무 가볍게 느껴졌고,
위로는
뻔한 말 같았어.
그래서 그냥
조용히 말했어.
"그럴 수 있어.
지금 힘든 거
당연해.
나는 네 편이야."
그 말을 들은 제자가

갑자기
눈물을 흘리는 거야.
"그냥 교수님의 그 한마디에
눈물이 나요."
우리가 살아가며
듣고 싶은 말은
생각보다
복잡하지 않은지도 몰라.
'지금 너,
충분히 잘하고 있어.'
이 말이
오늘 너에게도
살며시 닿으면 좋겠어.

너답게, 그걸로 충분해

타이타닉호의 침몰.
그 비극 속에는
묘한 통계 하나가 숨어 있었어.
어린이 생존율 51%,
여성은 74%.
그런데 남성의 생존율은
고작 20%였대.
왜 그랬을까?
절체절명의 순간,
어느 한 남자가
절규하듯 외쳤대.
"영국인답게! (Be British!)"
그 짧은 외침이
사람들의 가슴을 움직였던 거야.
그들은
'영국인답게' 행동했고,
그 선택은
생존보다 더 숭고한 이름을
남겼지.

그렇다면 너는 어떨까.
너의 이름 뒤에
'~답게'를 붙여봐.
'OOO답게.'
그 말 속에
너의 세계가
다 담겨 있는 거야.
진짜 성공은
남이 되어보려 애쓰는 게 아니라
끝까지
나로 살아가는 일이야.
흉내 낸 인생엔
진심이 없고,
나답게 사는 삶에만
존재의 무게가 깃드는 거야.
'나다운 삶'은
평소엔 조용히 숨어 있다가
진짜 얼굴을 드러내는 순간은
늘 고비가 찾아왔을 때야.

그때 너는
이렇게 말할 수 있어야 해.
"나는
나만의 가치를 가진 사람이야.
그러니까
나답게 살아갈 거야."
그 믿음 하나가
너를 무너지지 않게 지켜줄 거야.
반면에
남이 되어서 살아가는 사람은
위기 앞에서 더 자주 흔들리고,
외로움 앞에서 더 쉽게 주저앉게 되지.
그 삶에는 중심이 없으니까.
그러니 남처럼 살 필요 없어.
너답게.
그걸로 충분해.

고요하게 사는 즐거움

존경하는 인생 선배 한 분이 그러시더라.
"이제 전 인류는
고독이라는 심각한 문제에 직면하게 될 것이다."
나도 그 말에 고개를 끄덕였어.
어쩌면 우리는 이미
고독과 꽤 오래 함께 살아왔는지도 몰라.
다만 그것이
우리 삶을 흔들 만큼의 위협이라 여기지 않을 뿐이지.
그럼 어떻게 해야 할까.
나는 이 방법을 택했어.
고독이 내게 찾아오는 날이면
그 고독을 쫓아내기보다
조용히 문을 열어 반겨.
그리고 그 고독이 머무는 시간과 공간을
자연스럽게 받아들이지.
그러다 보면 고독은
언젠가부터
고요함이라는 감각으로 바뀌곤 해.
그 고요함 속에

나를 즐겁게 해주는 작은 오브제들을
하나 둘 배치해봐.
글.
음악.
사색.
독서.
영화 한 편.
펜드로잉, 캘리그라피,
요리, 블로깅,
외국어 공부, 강의 준비까지.
그렇게 십 분이 흐르고,
삼십 분이 지나고,
어느덧 한 시간이 스며들면-
분진이 내려앉고,
흑탕물이 가라앉고,
마음의 동요가 잦아들지.
그리고 나의 일상은
어느새 더 맑아지고,
더 따스해져 있어.

고독을
고요함으로 바꾸고,
그 고요함을
삶의 온기로 바꿔봐.
그 안엔
너만의 작은 기쁨들이
아무 말 없이
자라고 있을 테니까.

타인의 다름에 대하여

다르다는 건
처음엔 낯설고 불편한 일이야.
익숙하지 않다는 이유만으로
우리는 누군가를 경계하고,
어느새 그 마음은
오해와 편견으로 자라나기도 하지.
말투가 다르고,
표현 방식이 다르고,
속도가 다르다는 이유로
'왜 저래'라는 생각이 앞서버릴 때가 있어.
그럴 땐
상대의 다름이 문제라기보다
내 안의 고정된 틀이
조용히 작동하고 있는 거야.
문제는 '그 사람'이 아니라
'그 사람을 바라보는 나의 방식'일 수 있다는 걸
우리는 자주 놓쳐.
누군가를
내 기준으로만 판단할 때,

그 관계는 늘 비좁아지고 말아.
그래서 필요한 게 있어.
견제하는 마음.
타인을 향한 게 아니라,
나 자신을 향한 견제.
'내가 너무 쉽게 단정한 건 아닐까?'
'저 사람의 속 이야기를
한 번이라도 들어보려 했던가?'
스스로에게
조용히 묻는 그 물음표 하나.
그게
닫힌 문을 여는 손잡이가 될지도 몰라.
들여다보면
다름은 다툼의 씨앗이 아니라
조화를 위한 빛깔이 돼.
서로 맞지 않는 것 같던 모양도
시간을 두고 바라보면
의외로 잘 어우러지기도 해.
모난 것도,

느린 것도,
서툰 것도-
그 자체로
충분히 아름다울 수 있다는 걸
우리는 살아가며
조금씩 배워가는 거야.
진짜 협력이란
같은 사람이 모여 완성되는 게 아니라,
다른 사람들이
끝내 포기하지 않고
맞춰가려는 마음에서 피어나는 거니까.

지혜로움과 참신함

누군가에게 기대를 많이 걸었는데
그 기대에 못 미칠 때가 있어.
그건 이런 이치와 닮아있지.
우리는 흔히 말하곤 해.
"나이가 들면 지혜가 쌓인다."
"젊은이들은 참신하다."
어릴 때부터
이런 말들을 자연스레 들어왔고,
나도 그런 줄 알았어.
그런데 쉰을 훌쩍 넘긴 지금,
나는 이제 좀 더 분명히 알게 됐어.
그 말들은—
진실이라기보다,
우리가 바라는
'염원'에 가까운 말이라는 걸.
나이만 들었다고
지혜가 저절로 생기는 건 아니야.
젊다고 해서
늘 새롭고 신선한 것도 아니지.

그건 그냥,
모두가 그렇게 되었으면 좋겠다는
기대일 뿐이야.
결국
지혜로움도
참신함도
스스로 다져내야 하는 덕목이야.
진짜 지혜로운 시니어,
진짜 참신한 주니어는-
그래서
더 귀하고,
더 빛나는 존재가 되는 거지.
나이는
스스로 깎아야 지혜가 되고,
젊음도
스스로 다듬어야 참신함이 돼.

무뎌짐도 성장이다

예전엔
작은 말 한마디에도
밤새 뒤척였어.
'내가 뭘 잘못했나?'
'왜 그런 말을 했을까?'
그런데 이제는—
"그래,
그럴 수도 있지."
하면서
마음을
조금은 내려놓을 줄도
알게 됐어.
어떤 사람의 말에
상처받기보다,
그 사람이
왜 그런 말을 했는지
조금은 짐작해 보게 됐고,
예민함 대신
무심함이 더 편할 때도

생겼지.
무뎌졌다고
너무 실망하지 마.
그건
회피가 아니라
네 마음을
지키는 방법일지도 몰라.
그렇게 우리는
조금씩
단단해지고 있는 거야.
때로
무뎌짐도
마음이 알아서
성장하는 방식이니까.

단추를 채우는 마음

천양희 시인이 이런 말을 했어.
"단추를 채워보니 알겠다.
세상이 잘 채워지지 않는다는 걸."
단추를 하나하나 채우다 보면
그 안에 담긴 세상이
문득 다시 보이기도 해.

나는 이 세상을
내 뜻대로, 내 의지대로
온전히 다 채울 수 있을 거라 믿었어.
그런데 어느 순간부터
그게 얼마나 어려운 일인지 알게 됐지.
그럴 때면
'왜 내 뜻대로 되지 않는 걸까?'
하고 세상을 원망하고 싶어질 때도 있어.

하지만 말이야,
단추는 여전히
나를 기다리고 있어.

세상이 어떤 방향으로 가든
단추는
내 손끝에서 하나하나 채워야 하거든.
시간을 멈출 수 없는 것처럼,
우리 삶도 계속되어야 하니까.

혹시 단추를 잘못 채웠다고?
괜찮아.
풀고,
다시 채우면 돼.
그 작은 실수들 속에서도
우리는
계속 나아가고 있는 거야.
서툴러도 괜찮아.
단추는
다시 채우면
다시 시작이니까.

문을 먼저 두드린다는 것

오늘,
퇴임을 앞둔 후배 교수의 연구실을 찾았어.
이제 교수직은 내려놓고
전혀 다른 분야의 연구에
몰두해 보겠다고 담담히 웃더라.
헤어짐은 조금 아쉬웠지만
앞날엔 꽃길이 펼쳐지길 바라며
인사를 건넸지.
그런데
그가 문득 이런 말을 꺼냈어.
"이 학교에서 머무는 동안,
제게 가장 큰 영향을 준 분이
교수님이세요."
나는 당황해서 웃으며
되물었지.
"내가 뭐 대단한 걸 해준 것도 없는데…
무슨 소리에요?"
그는
조용히 기억을 꺼냈어.

"거의 스무 해 차이 나는 후배였던 저한테
교수님은 먼저
연구실 문을 두드려주셨어요.
그 뒤로도 종종 들러주셨고요.
'선배든 후배든,
필요한 사람이 먼저 가면 되는 거다.'
그 한마디가
저에겐 큰 울림이었어요.
그때 이후로 저도
학생들에게 먼저 다가가기 시작했어요.
그렇게
관계가 풀리고, 진심이 전해졌죠."
손사래 치며
돌아서던 나에게
그는 깊이 허리 숙여 인사했어.
그의 감사가
잔잔하게,
그리고 깊숙이
전해졌어.

민들레 홀씨 하나가
바람을 타듯
작은 친절도
언젠가
어딘가에서
조용히 꽃을 피우는 법이야.

선택할 수 있는 쪽에 머물러

세상에는
두 가지가 있어.
내가 선택할 수 없는 것들,
그리고
내가 선택할 수 있는 것들.
전자는 날 흔들고,
후자는 날 바꾸지.
날씨처럼
어쩔 수 없는 것들에
마음을 빼앗기다 보면
나도 모르게
오늘이 휙 저물고 말아.
그럴 때일수록
기억해야 해.
내 표정,
내 선택,
내가 걷는 방향.
그건
아직 내 손 안에 있다는 걸.

세상이 나를 어떻게 대하든,
내가
나를 어떻게 대할지는
내가 고를 수 있으니까.
선택할 수 없는 것 앞에
오래 머물지 마.
너는
선택할 수 있는 것들을 통해
얼마든지
다시 하루를
새롭게 만들 수 있으니까.
어쩔 수 없는 일에
마음을 빼앗기지 말고,
어쩔 수 있는 것에
마음을 걸어봐.

가장 아픈 건, 사람에게서 받은 마음이야

세상엔 많은 상처가 있지만,
그중에서도 가장 깊고 오래 남는 건
사람에게서 받은 마음의 상처 아닐까.
믿었던 누군가의 말 한마디,
기대했던 사람의 무심한 뒷모습,
애써 전했던 진심이
허공에 맴돌다 돌아올 기색조차 없을 때-
그때 느껴지는 서운함,
그건 단순한 감정이 아니라
마음의 바닥이 조용히 금 가는 소리야.
"사람에게 받은 상처는
사람으로도 치유되지 않는다"는 말을
예전엔 그냥 지나쳤는데,
어느 날 문득,
그 말이 가슴에 박힐 때가 있어.
사람이 준 상처라서
사람을 더 조심하게 되고,
사람이 아프게 해서
사람 곁에 머무는 일이 자꾸 망설여지지.

하지만 그럼에도 불구하고
우리는 또 사람에게 기대게 돼.
말 한마디에 무너지지만,
또 말 한마디에 살게 되는 게 사람이라서.
그렇게 마음이 다친 날엔
세상이 다 낯설고 차갑게만 느껴지지만,
그래도 나는 믿고 싶어.
상처가 나를 무너뜨리는 게 아니라,
나를 더 단단하게 빚어갈 수 있다고.
이런 아픔을 겪고 나면
나도 누군가의 마음에 더 조심히 다가갈 수 있고,
내 말 한 줄,
내 시선 하나에도
더 깊은 배려가 스며들 수 있다고.
세상의 모든 관계가
따뜻하진 않겠지만,
내가 먼저 따뜻한 사람이 되는 건
내가 선택할 수 있는 일이니까.
사람에게 받은 상처는

사람으로 낫지 않지만,
그 상처를 품고도
사람 곁에 다시 서보는 용기,
그게 결국
나를 더 나답게 만들 거야.

은촛대를 건넬 수 있는 사람

"벗이여,
여기 그대의 은촛대도 있으니 가져가시오."
장발장을 구한 추기경이
그에게 건넨 한마디였어.
그 말이 왜 이렇게 오래 남을까.
그건,
그가 보여준 '벗'의 모습이
세상에서 가장 값진 선물처럼 느껴졌기 때문이야.
누군가를 진심으로 돕고,
그 사람의 아픔을 함께 느끼고,
심지어 자기 것을 아낌없이 내어줄 수 있는 마음.
그게 진짜 벗이 아닐까.
문득 생각했어.
나도 언젠가 이 세상에서
누군가에게 그런 벗이 될 수 있을까.
마치 그 추기경처럼,
내가 가진 걸 조용히 건네면서
한 사람의 인생에
조금이라도 변화를 줄 수 있다면-

그보다 더 큰 기쁨이 있을까.
진짜 벗이 된다는 건
그 사람을 위해 내가 가볍게 움직인다는 뜻이야.
함께 기뻐하고, 함께 울 수 있다는 거지.
그 깊이를
내가 언젠가 온전히 알게 되는 날이 온다면,
그때 나는
'아, 나 진짜로 살아 있구나' 하고 느끼지 않을까.

내 말이 누군가의 무게가 되지 않기를

요즘엔 말이 참 많지.
특히, 누군가에 대한 이야기.
그중엔
그 사람도 모르는 얘기들이 섞여 있어.
소문이란 이름으로 포장된 말들.
그런 말은 금방 번지고,
금세 누군가의 마음을 다치게 해.
누군가는 그 얘기를 듣고
한 번 더 무너지고,
한 번 더 숨고 싶어질지도 몰라.
가볍게 흘린 말 한 줄에
어떤 사람은 오래도록 무게를 얹고 살게 되거든.
도덕경에선
'말이 많으면 스스로를 궁지로 몰게 된다'고 했어.
내가 하는 말이
누군가의 등에 쌓이지 않게,
내 입에서 나온 말이
나를 먼저 소모하지 않게.
우리는 맑고 고요한 말을 입었으면 좋겠어.

굳이 말하지 않아도 되는 순간에는
말 대신 조용히 마음을 건네자.
진실은,
조용한 사람들 곁에 더 오래 머무르더라.

내가 나를 안아줄 수 있어야 해

거울 속
네 얼굴을 가만히 봐봐.
'오늘
참 많이 애썼다'는 말이
저절로 떠오를 거야.
그 누구도
나를
위로해 주지 않아도
내가
내 편이
되어주는 것.
그게
어지러운 삶에서
가장 강력한
위안이 되더라.
스스로를
안아줄 줄 아는 사람은
넘어져도
조금은

덜 아프고,
다시 일어설 힘도
<u>스스로</u>
건네줄 수 있어.
결국
나를 제일 먼저
안아줄 수 있는 사람은
나 자신이니까.

감정을 늦게 꺼내도 괜찮아

회의 중에
언짢은 일이 있었어.
근데,
분위기상 아무 말 못했어.
그냥 씩
웃고 넘겼지만
하루 종일
그 생각이 맴돌았어.
이전엔
'왜 그땐 아무 말도 못했을까?'
'내가 너무 소심한가?'
스스로를
탓했지.
하지만
이제는 알아.
감정은
늦게 꺼내도
괜찮다는 걸.
지금은

마음속에서 천천히
내 감정을
정리하는 중이니까.
조금 늦게
반응해도 괜찮아.
그건
성숙한 거야.
흘려보낼 줄 아는
마음이란 뜻이니까.

낮은 곳에서 찾은 진정한 즐거움

어느 책에서
스치듯
읽었던 글이야.
그런데
몇 달이 지나도록
그 문장이
생생하게
마음에 남아 있어.
'높은 곳에 머물지 않는 지혜,
낮은 곳으로
기꺼이
흘러가는 즐거움.'
이 문장대로
살아갈 수만 있다면
얼마나 좋을까.
오늘부터
나도
낮은 곳으로
기꺼이 흘러가는

그 즐거움을
조금씩
배워볼까 해.
세상은
낮은 곳에 더 맑게
흐르는 것들이
있더라.

'나는 괜찮다'는 말이 지치는 날

지친 얼굴로
출근하면서도
"괜찮아요."
밥도 못 먹고
일하면서
"할 수 있어요."
계속
그렇게 말하다 보면
어느 순간,
진짜 마음이
텅비어버려.
'나는 괜찮다'는 말이
너무 익숙해져서
정작
힘든 걸
<u>모르고</u>
지나치기도 해.
가끔은
그 말을

잠시
내려놔도 돼.
"오늘은
좀 힘들어요."
라고
말해도 괜찮아.
괜찮지 않아도 괜찮은 날.
지금이
딱 그럴 타이밍일지도 몰라.
마음도
잠깐쯤
쉬어갈 권리가 있으니까.

작은 변화가 큰 흐름을 바꾼다

매일 같은 출근길,
같은 점심 메뉴,
같은 업무 루틴.
가끔은
'이 갇혀 사는 듯한 느낌은 뭘까?'
답답해지지.
그럴 땐 아주 사소한 걸 바꿔봐.
출근길에 다른 길로 돌아가기,
새 노래 하나 저장하기,
퇴근 후 낯선 카페 가보기.
신기하게도
작은 변화가
하루를 바꾸고
그 하루가
일상을
살며시 바꿔.
큰 선택이 아니어도
삶은
얼마든지 달라질 수 있어.

너무 멀리 보지 말고,
오늘
한 걸음만
다르게 걸어보자.
한 걸음만 달라도
내일의 기분이
조금은
달라질 테니까.

그 말 한마디가 참 오래 남더라

어느 날,
강의가 끝난 뒤
한 학생이
조심스레 말했어.
"교수님,
오늘 수업…
정말 좋았어요."
그 말 한마디가
하루 종일
마음속에 맴돌았어.
괜히
기분이 좋고,
괜히 세상이
조금 더 따뜻해진 것 같았지.
누군가의 따뜻한 말은
생각보다
오래 머물더라.
그걸 알게 된 나는,
다른 누군가에게도

조금 더 자주
따뜻한 말을 건네게 됐어.
말 한마디의 온도는
때로는
그 사람의 하루를,
그 사람의 인생을
따뜻하게 만들어 주거든.
오늘도
괜찮다면
우리,
누군가에게
따뜻한 말
하나쯤
슬쩍 건네보자.
그 한마디가
생각보다
오래
남을 테니까.

나는 힐러가 되고 싶어

말 한마디가
사람의 마음을 무너뜨리기도 하고,
다시 일으켜 세우기도 하지.
"너 때문에 되는 일이 하나도 없어."
"넌 안 돼."
"니가 뭘 안다고 나서니."
이런 말들은
날카로운 유리 조각처럼 가슴을 찌르고,
그 사람 안에 있던 용기와 자존감을
산산이 부숴버려.
그리고 결국엔,
살짝만 밀어도 떨어질 것 같은
벼랑 끝에 그 사람을 세워두게 되지.
하지만 세상엔 이런 말도 있어.
"네 덕분이야."
"내 곁에 있어줘서 고마워."
"넌 뭐든지 할 수 있어."
이런 말들은
마치 따뜻한 담요처럼 그 사람을 감싸고,

서늘했던 마음속을
천천히 녹여주지.
응어리를 풀고,
텅 비어 있던 희망의 주머니를
조금씩 다시 채워 넣게 돼.
누군가에게 건네는 그 말 한마디가
죽음과 치유의 경계에 있다는 걸
우린 종종 잊고 살아.
그래서 오늘은 나,
이렇게 다짐해.
나는 킬러가 아니라 힐러가 되고 싶어.
상처 주는 사람이 아니라,
온기를 건네는 사람이 되고 싶어.
그래서 언젠가,
누군가의 하루가
내 말 한마디 덕분에
조금은 따뜻해졌으면 좋겠어.

내게 왔던 따뜻함을 누군가에게 돌려주는 일

"세상엔 공짜 점심이 없다."
어릴 땐
이 말이 좀 삐딱하게 들렸어.
'왜 없지?
그냥 주는 사람도 있잖아?'
그땐 몰랐지.
살아보니까 이제 알겠어.
정말 '아무 이유 없이 그냥' 주는 건
세상에 거의 없다는 걸.
심지어
아무것도 바라지 않는 사랑마저도
그 사람의 깊은 상처,
오래된 희망에서 비롯된 선물이더라.
누군가 나에게 시간을 내어줬을 때,
나 대신 무거운 걸 들어줬을 때,
내 실수를 조용히 덮어줬을 때도
그건 다
언젠가 내가 돌려야 할 마음이야.
꼭 같은 방식으로 갚지 않아도 돼.

그냥 기억해 뒀다가,
또 누군가가 같은 자리에 서 있을 때
이번엔 내가 대신 점심을 사는 거지.
그러니까 오늘 누군가가 내게 베푼 이 점심도,
사실은
오래전 누군가가 먼저 내어놓았던
따뜻한 밥 한 끼의 릴레이일지 몰라.
마음이 따뜻한 사람들은
서로의 점심을 그렇게
조용히 사주며 살아가는 것 같아.

듣고 싶은 단 한 마디 말

가끔은,
누군가의 마음 안에서
이런 소리가
들려오는 것 같아.
"말이 너무
길어졌지요.
너무
내 입장에서만
말했나 봐요.
그런데도
아직
내 말이
무슨 뜻인지
잘 안 들리나요?
사실
지금
딱히
하고 싶은 말이
있는 것도 아니에요.

그냥…
듣고 싶은 말이
하나
있었을 뿐이에요.
당신이
내게
해주길 바랐던
단 한마디.
정말로
내가
듣고 싶었던 말은—
'다 이해해.'
이 한마디였어요.
그 말 하나면
길게 설명하지 않아도
마음이
풀리니까요."

두려움과 나란히 걷는 길

처음 보는 길.
가보지 않은 길.
끝을 알 수 없는 길 앞에 설 때면
어김없이
두려움이
먼저 찾아왔어.
예전엔
그런 내 모습을
자주 탓했지.
왜 이렇게
겁이 많을까.
왜 이렇게
대담하지 못할까.
그게
나의 단점이라고만
생각했어.
그런데
조금씩 철이 들고
남의 마음을

조금 더
들여다보게 되면서
알게 됐어.
두려워하는 건
나만이 아니더라고.
겉으론
아무렇지 않은 척해도
다들
저마다의 두려움을
조용히 품고 있었던 거야.
두려움이
나의 일부라는 걸
인정하게 됐을 때,
비로소
어른이라
불릴 준비가
되는 거 아닐까.
어른의 길은
두려움 없는 길이 아니야.

두려움과
나란히
천천히
걸어가는 길이니까.

4부

새로운 힘이 필요할 때

자신감을 은쟁반에 담아

어느 오디션 프로그램에서
심사위원이 이런 말을 했어.
"자신감이 가장 중요합니다.
다음 무대에선
다른 건 안 보고,
자신감 하나만 보겠습니다."
맞아.
내가 나를 믿어야
남도 나를 믿어.
내가 나를 의심하는 순간,
세상도 나를 의심하게 돼.
자신감은
선택이 아니라,
본능이야.
처음에는 누구나 서툴러.
불안하고,
흔들리고,
때로는 숨고 싶겠지.
그래도

주저앉지 마.
불안해도
앞으로 나아가는 것,
그게
너를 믿는 방식이야.
네가 세상에 무엇을 내어놓든,
꼭
'자신감'이라는
은쟁반 위에 올려.
그 순간,
너는
스스로 빛나게 될 거야.

청년이라는 시간, 성공이라는 질문

'청년'이라는 말은
언제 들어도 마음이 움직여.
기회와 가능성,
불안과 혼란이 한데 섞여 있는 단어잖아.
그래서인지
청년과 '성공'을 함께 이야기할 땐
늘 조심스러워지면서도,
한편으론 간절해져.
누군가는
안정된 직장을 성공이라 하고,
누군가는
좋아하는 일을 하며 사는 걸 성공이라 해.
또 어떤 사람은
그저 '나답게 사는 것'을
성공이라 말하기도 하지.
그러다 문득 이런 생각이 들었어.
성공은 어쩌면
'정답'이 아니라 '과정'이 아닐까?
성공한 삶이 따로 있는 게 아니라—

성공하고 싶어서
오늘 하루를 열심히 살아내는 그 사람.
그 사람이
이미 충분히 성공적인 사람일지도 몰라.
그래서 나는 지금도 믿어.
자기 일에 성실하고,
겸손하게 스스로를 돌아볼 줄 아는 사람은
어떤 모양으로든
자기만의 성공에 도착하게 된다고.
너무 조급해하지 마.
이미 잘하고 있어.
오늘도
Work hard, stay humble.
그저 열심히,
그리고 겸손하게.
그걸로 충분해.

0과 1 사이의 용기

아무리 하찮아 보여도,
'고작 이 정도?' 싶어도
0과 1 사이는
생각보다 훨씬 큰 간격이야.
모든 위대한 시작은
결국 '0과 1 사이'에서 일어나거든.
나 역시,
내 인생을 바꿔놓은 건
바로 그 작은 1이었어.
어느 강연장에서
이런 얘기를 한 적이 있어.

"제 글을 처음 한 출판사에 보냈어요.
그들은 아마,
무명 작가의 잡문이라 여겼겠죠.
열어보지도 않고, 아무런 답도 없었죠.
그걸 그대로 받아들였다면
저는 아직도
0에 머물러 있었을 거예요.

그런데 부끄러움을 무릅쓰고
다른 출판사에 또 보냈어요.
거절당하면
또,
또,
또…
보냈죠.
그러다가
기적인지, 행운인지,
혹은 그냥
오래된 노력의 결과인지—
한 출판사에서 연락이 왔어요.
'하 선생님'이라 부르며
가급적 빨리 만나자고,
우리가 찾던 저자라며…"

그렇게 0은 1이 되었고,
1은 곧 2가 되고,
어느새 10이 되어 있었어.

그 증가세는,
생각보다 훨씬 빠르게 다가왔지.
나는 오늘
새로운 1에 도전하고 있어.
왜 또다시
낯선 1에
발을 들이냐고 묻는다면-
나는 조용히 말할 거야.

"1이라는 작은 시작 안에
어떤 기적이 숨어 있는지,
나는 이미 알고 있으니까."

멋이 드는 사람

세월이 흐를수록,
그저
나이만 드는 사람이 있고
세월과 함께
멋이 드는 사람도 있어.
나는,
단지
나이가 아니라
진짜로
'멋이 드는 사람'이
되고 싶어.
세상이
내게 건네는 모든 것을
감사히 여기고,
지금의 나를
솔직하게 받아들이면서
내일을 향해
조금씩
나아가는 사람이

되고 싶어.
오늘 아침,
나는
벅찬 마음으로
눈을 떴어.
오늘
내가 할 일들이
기대됐고
그 기대감이
내 가슴을
가만히
뛰게 만들었지.
멋이란 건
결국
겉모습이 아니라
내면 깊은 곳에서
흘러나오는
빛 같은 거야.
그래서

오늘도
나는
나만의 멋을
덧칠해가며
묵묵히
앞으로
나아가고 있어.

복이 된 콤플렉스

코 밑에 커다란 점 하나.
그 점 때문에
늘 놀림을 받으며 자라온 한 소녀가 있었어.
그 점은 그녀의 콤플렉스였고,
하루하루가 자신감 없는 시간의 반복이었지.
그러던 어느 날,
고등학생이 된 그녀에게
같은 반 친구가 장난스레 다가와 이렇게 말했대.
"야, 이 점 말이야-
이거 틀림없는 복점이야.
오늘부터 이 점은 내 거니까,
내 허락 없이는 빼지 마!"
처음엔 무슨 말인가 싶었지만
그날 이후로 정말 이상한 일이 벌어졌어.
그 점이
더 이상 부끄럽지 않았고,
창피하지도 않았대.
오히려,
그 점이 '진짜 복'을 가져다줄 거라는

이상한 믿음이 마음속에 싹튼 거야.
그녀는 여전히 '점순이'라 불리며 놀림도 받았지만
이젠 웃으며 받아칠 수 있었어.
그 점은 어느새 그녀에게 힘이 되고,
자기 인생을 조금 더 기대하게 만드는
작은 복이 되어 있었지.
이 이야기는
한 제자가 들려준 자기 이야기야.
콤플렉스였던 무언가가
복이 되어 돌아온 이야기.
나는 이 이야기를 들으며 생각했어.
나도 누군가에게,
그런 한마디를 해주고 싶다고.
어쩌면
내가 건넨 작은 말 한마디가,
누군가의 가장 아픈 부분에
조용히 빛을 비춰줄지도 모르니까.

오늘을 기획하기

행복한 인생을 만드는 첫걸음은
오늘 하루를
'마음에 드는 하루'로 채우는 거야.
그 하루들이 쌓여서
우리의 삶도
조금씩 빛나게 되겠지.
그렇다면, 오늘은
어떻게 보내면 좋을까?
무엇을 하면 좋을까,
무엇을 안 하면 더 좋을까?
누구와 함께하면 좋고,
어디에 가면 마음이 편안해질까?
이런 작고 사소한 질문들이
사실은
우리의 하루를 결정해.
그리고 그 하루들이
곧 인생을 만들어가.
행복은
거창한 곳에 숨어 있는 게 아니야.

오늘이라는 하루,
우리의 선택 속에
가만히 숨 쉬고 있어.
그러니까 오늘,
'마음에 드는 하루'의 기획자가 되어보자.
그 하루가
내가 바라던 삶에
한 걸음
더 가까워지게 해줄지 모르니까.

달걀이 알려준 것

오늘 아침,
달걀을 깨다가
문득
이런 생각이 들었어.
아무 일도 없이,
매끄럽기만 한 삶이면
얼마나 좋을까.
하지만
생각해보면,
깨지지 않는 달걀은
결국
아무 맛도
낼 수 없어.
조심조심
껍질을 깨고,
가끔은
조각에 베이는 아픔도
견뎌야
비로소

고소한 에그프라이가
완성되지.
삶도
마찬가지야.
모든 건
대가를 치러야 해.
크든 작든,
네가
기꺼이
감수한 만큼만
얻을 수 있어.
그저
바라기만 한다면,
아마
영원히
껍질 밖의 세상을
알지 못할 거야.
손끝이
조금 다칠지라도,

네가 원하는 삶을 위해
오늘도
껍질을 깨야 해.
진짜 삶의 맛은
그 깨어짐 속에서
비로소
시작되니까.

그냥 걷기만 해도 좋아

지금 마음이 무겁고 숨이 막히듯 답답하더라도,
딱 한 번만,
조용히 털고 일어나봐.
침 꿀꺽 삼키고,
슬리퍼 대신 신발을 꺼내 신고,
그냥 문 밖으로 한 걸음 나가보는 거야.
꼭 공원이 아니어도 괜찮아.
차들이 분주히 오가는 시내 한복판이어도 돼.
뭔가 특별한 걸 하지 않아도,
바깥 공기 속에 몸을 맡기고 걷다 보면
신기하게도 마음이 조금씩 풀어지기 시작할 거야.
그리고 누군가에게 말을 걸어봐.
아주 짧은 안부 한 마디,
의미 없는 대화여도 괜찮아.
전화든, 문자든,
그 연결된 작은 마음이
어느 틈에 네 안을 환하게 비춰줄지도 몰라.
산책과 대화를 마치고 나면
몸이 먼저 가벼워지고,

마음이 천천히 따라올 거야.
그러다 어느 순간―
어디선가 숨통이 트이기 시작할지도 몰라.

우리의 마음도
방 안 공기처럼,
가끔은 환기가 필요하거든.
30분이면 충분해.
그 시간이
지금 너를 다시 살아 움직이게 해줄 거야.
가벼워진 마음으로,
다시 오늘을 맞이할 준비가 되어 있을 거야.

운전대 단상

운전대를 잡을 때마다
문득 떠오르는 말이 있어.
"운전대를 잡고서
당황하지만 않으면
사고 날 일은 없다."
장모님의 유언 같은 말이야.
묘하게 가슴에 박히는 그 말이
지금도 내 삶의
브레이크이자 핸들이 되어주곤 해.
실제로 많은 사고는
기술 부족 때문이 아니라,
순간의 당황에서 시작된다고 하지.
근데 그 말,
운전만 두고 한 건 아니었겠지.
우리는 살아가면서
얼마나 자주
마음을 놓치고,
분별을 흐리고,
신중함을 잊곤 하는지.

서운한 말 한마디에
급히 마음의 액셀을 밟고,
예상치 못한 상황에
브레이크를 늦추고,
불확실한 선택 앞에서
핸들을 던져버릴 때도 있지.
그러다 보면
사고가 나.
관계에서,
일에서,
감정 안에서.
크고 작은 접촉사고 같은 일들이
우리 하루 속엔 참 많아.
별일 아니라고 넘기지만
돌아보면 마음에
흠집이 남아 있기도 해.
그래서 요즘은
'당황하지 말자'는 말을
내 삶의

작은 주행 원칙으로 삼아.
인생의 운전대를 잡은 지금,
목적지가 멀어 보여도 괜찮아.
속도를 내지 않아도,
잠시 길을 헤매도,
평정심만 잃지 않는다면
우린
결국
우리만의 길 위에서
무사히 도착하게 될 거야.

기적이 숨어 있는 날, 오늘

어쩌면, 오늘-
인생 최고의 선물을
받게 될지도 몰라.
아직 열어보지 않은
'하루'라는 이름의 상자 안에
작지만 반짝이는 기적 하나쯤
숨어 있을지 모르잖아.
어쩌면 오늘,
가장 소중한 사람을
만나게 될지도 몰라.
버스 옆자리에 앉은 낯선 이일 수도 있고,
무심히 주고받은 메시지 너머의
누군가일지도.
어쩌면 오늘,
나라는 존재만으로
누군가가 위로받을지도 몰라.
내 웃음에서,
내 말 한마디에서,
혹은 그냥 내 존재에서-

따뜻함을 얻는 사람이
어딘가에 있을지도 모르니까.
그리고 어쩌면 오늘,
이 짧은 한 줄의 글이
누군가의 인생을
조금 더 좋은 방향으로
살짝 틀어줄지도 몰라.
그러니까,
이 하루를
그냥 흘려보낼 순 없겠지.
지금 이 순간이
인생 최고의 순간이 될지도 모른다는
그 가능성
하나만으로도-
우리가 오늘을
의미있게 살아야 할 이유는 충분해.
오늘이
인생 최고의 날인 것처럼
살아야 할 이유.

그건, 어쩌면…
진짜 그렇게 될지도 모르니까.

세상의 끝에서 외치고 싶은 한마디

삶의 마지막 순간,
세상의 끝에 서게 된다면-
그때,
내가 나에게 꼭 해주고 싶은 말이 있어.
"나답게, 참 잘 살아왔다."
누구의 기준도 말고,
세상이 정한 성공도 말고,
남의 시선에 맞추느라
내 마음을 잃은 적 없이-
그저 나답게
조금씩,
성실하게
살아왔다고.
그 말 하나면
충분할 것 같아.
너도,
그랬으면 좋겠어.
누군가의 박수보다
자기 자신에게

미소를 띠우며
고개를 조용히 끄덕일 수 있는 사람.
그런 삶이
진심으로 빛나는 삶이 아닐까.
삶의 끝에서
나를 안아줄 수 있는 사람으로,
오늘을
천천히
살아가자.

마음 속 바위

내가
누릴 수 있는
최고의 사치는
나의 시간을,
그 어떤 간섭도 없이
그대로 흐르게
내버려 두는 거야.
그리고
그저 바라보는 것,
있는 그대로의 하늘,
움직이는 구름,
왔다가 사라지는
이런 저런 생각들.
내가
산에 가는 이유는
적당한 바위에
몸을 누이고
아무도
방해하지 않게

느긋하게
시간을 보내기 위해서야.
비록
바쁜 일상 속에 있어도,
마음만큼은
언제든지
바위 위에 누워
아무런 간섭도 받지 않고
휴식을 취할 수 있어.
지하철에서도,
강남대로에서도,
내 연구실에서도,
그 어디에서든
편안하게 쉬는
마음 속 바위는
내 안에
언제든
있을 수 있거든.
오늘도

잠시
모든 일을 내려놓고
내 안에 있는
넓은 바위 위에
누워본다.
그렇게
나는
내 속에서
쉼을 배워가고 있어.

3할의 고마움

야구선수에게
3할은 의미 있는 숫자야.
3할 타자라는 건
타석에 열 번 들어서서
세 번 정도
안타를 칠 수 있다는 의미,
즉, 준수한 실력의 타자임을
보증하는 숫자지.
야구장에서는
3할을 높이 평가하지만,
우리 일상 속에서는
주변 사람들에게
너무 높은 기대를
걸고 사는 건 아닐까?
곁에 있는 그 사람이
내 생각대로만 따라준다면
얼마나 좋을까.
그런데 실상은 어때.
바라는 대로 되던가?

그럴 리 없지.
내가 원하는 만큼의
딱 3할만 해줘도
고마워해야 하지 않을까.
나 자신에게 한번 물어봤어.
'과연 나는
주변 사람들의 기대치에
몇 할이나 충족시켜주고 있는가?'
맞아.
어쩌면 나는 3할도 못 치면서
남에게만
5할,
아니 9할, 10할을
기대하고 있지 않았을까.
이런 생각을 하게 되더라.
3할에
고마울 수 있다면,
4할의 그 사람은
생각보다

더 귀한 존재로
보일지도 모르지.

마음도 쭉, 펴줄 시간이 필요해

나른한 오후, 피곤함이 밀려오면
나는 늘 같은 동작을 해.
두 팔을 깍지 끼고,
하늘을 향해 쭉 뻗는 거야.
손바닥이 하늘을 닿을 듯,
마치 하늘을 만지려는 아이처럼.
팔, 다리, 어깨,
허리까지 천천히 늘이다 보면
온몸의 세포가 다시 숨을 쉬기 시작해.
몸이 이렇게 스트레칭을 필요로 하듯,
우리 마음도 가끔은
쭉–
펴줘야 해.
하루에도 수십 번,
우리 마음은 조용히 지쳐가지.
무심한 말 한마디,
무례한 태도,
쌓여가는 업무,
불확실한 미래의 그림자들…

이럴 땐,
내 마음을 살포시 펴주는 시간이 필요해.
나는 먼저,
숨을 깊게 들이마시고-
길게, 아주 길게 내쉬어.
'쓰—읍'
들이마시고,
'후—우'
내쉬는 그 리듬에
내 마음을 살짝 얹어보는 거야.
그리고,
가만히 눈을 감고 좋은 장면 하나를 꺼내.
소중한 사람과 나눈
따뜻한 웃음,
가족과 다녀온
여행지의 햇살,
친구와 함께 먹은
따뜻한 국물 한 모금.
기분 좋은 기억이 하나둘 떠오르면

내 마음이 고요해져.
마치 살랑이는 바람이
구겨진 커튼을 펴주듯.
그게 바로
'마음 스트레칭'이야.
마음을 피는 건,
그리 어려운 일이 아니야.
잠깐의 숨 고르기와
한 줌의 따뜻한 기억이면 충분해.

'그럴 수도'라는 수련

수도(修道).
'도를 닦는다'는 말이지.
수도자라고 하면,
깊은 산 속 조용한 암자에서
세속과 멀리 떨어져
신비롭게 살아가는 사람을 떠올리기 쉬워.
그런데 말이야,
사실 우리 모두
지금 이 자리에서
충분히 수도자가 될 수 있어.
방법은 생각보다 간단해.
약간의 언어유희처럼 들릴 수도 있지만,
그 안에 나름의 도(道)가 숨어 있거든.
그 방법은 바로-
'그럴 수도'를 생활화하는 것.
누군가 갑자기 험한 말을 했다면,
'뭔가 힘든 일이 있었나 보군.
그래, 살다 보면 그럴 수도 있지.'
운전 중 옆 차가 거칠게 끼어들어도,

'급한 사정이 있나 보네.
운전하다 보면 그럴 수도 있지.'
처음엔 어렵지만
자꾸 이렇게 '그럴 수도'를 되뇌다 보면
어느새 마음이
차분히 가라앉아.
억울함도, 짜증도
서서히 자리를 내주고
그 자리에
묵직한 평화 하나가 들어서지.
'그럴 수도'-
어쩌면
우리에게 가장 필요한
수도(修道)의 시작일지도 몰라.

디테일 라이프, 작은 것들이 만든 큰 인생

"대세에 지장 없으니, 그냥 이대로 갑시다."
"큰 흐름만 잘 따라가면 돼요.
작은 건 너무 신경 쓰지 마세요."
살다 보면 자주 듣게 되는 말이지.
대부분은 '합리적인 선택'처럼 들리기도 해.
그런데 말이야,
왠지 그 말 끝엔 늘 작은 찝찝함이 따라붙더라.
대세를 따르는 건 물론 중요하지.
하지만 '모든 걸 다 성취하게 해주는' 건 아니야.
때로는
딱 맞춘 넥타이보다
깨끗이 닦인 구두 하나가
더 깊은 인상을 남기기도 하잖아.
회사든, 관계든, 삶이든-
기억에 남는 건 언제나
크고 멋진 장면보단
비록 조그맣지만
의미있는 디테일이야.
커피 한 잔을 건네는 타이밍,

문장을 다듬는 마지막 쉼표,
"괜찮아?"라는 짧은 안부 한 마디.
그건 결코
'사소한 것'이 아니야.
그게 마음을 움직이고,
하루를 바꾸고,
삶을 풍요롭게 해주는 조각이니까.
디테일은,
애정이 지나간 자리에 남는 흔적이야.
어쩌면 진짜 멋진 인생이란,
그 작은 것들을 놓치지 않는 삶 아닐까.
이제 나는 그걸 이렇게 부르기로 했어.
디테일 라이프
작지만 섬세한,
그래서 결국 가장 찬란한.

기다림 속에 피어나는 진가

낯선 땅, 낯선 사람들 사이에서
잘 지낸다는 건 생각보다 훨씬 어려운 일이야.
게다가 이제는 학생이 아니라,
프로들끼리 모여 경쟁하는 회사 생활이잖아.
그 낯섦과 긴장감은
몇 배 더 크게 다가올 수밖에 없지.
그 속에서
자신의 진가를 알리는 일.
그건 가장 조심스럽고도 어려운 숙제야.
물론 방법은 있어.
가장 간단한 건-
직접 말하는 것.
"나는 이런 걸 잘해요."
"이런 성과를 냈어요."
효율적이고 빠르지.
하지만,
그 속엔 늘 작은 유혹이 있어.
과장의 덫, 미화의 그림자.
자기도 모르게

사실보다 조금 더 크게 말하게 되고,
반응이 좋으면
그 '조금'이 어느새 '과하게'로 바뀌기도 해.
그래서 많은 이들은
다른 길을 택하지.
말보다 행동으로,
자랑보다 결과로.
묵묵히,
자신의 몫을 해내며
시간이 알아서 증명해주길 기다리는 거야.
시간이 걸려도,
에너지가 더 들어도,
그 방법이 결국 가장 진실하니까.
낭중지추 (囊中之錐).
주머니 속의 뾰족한 송곳은
감춰지려 해도
끝내 모습을 드러내지.
빛나는 사람은,
가려도 빛나.

그러니 지금 조금 느려 보여도 괜찮아.
당장 눈에 띄지 않아도 괜찮아.
기다림의 시간은
스스로를 증명해주는 시간이고,
너는 이미,
하루하루 진가를 피워내고 있어.
영광의 날은
조용히, 그러나 확실하게
네 쪽으로 다가오고 있어.

당신은 누구의 영향권 안에 있나요

"북태평양 고기압의 영향권 아래…"
뉴스에서 자주 듣는 말이지.
하루의 온도도, 바람의 방향도
그 영향 안에서 정해지잖아.
가만 보면
우리의 삶도 그래.
늘 누군가의 영향권 아래에서
조금씩 바뀌고, 물들고, 성장하지.
어떤 사람은
나를 더 좋은 쪽으로 끌어당기고,
또 어떤 사람은
나도 모르게 움츠러들게 만들지.
생각해봐.
너를 이 자리까지 오게 만든 사람,
밑바닥에서 조용히 일으켜 세워준 사람,
삶의 방향을 바꿔준 단 한 마디를 건넨 사람.
그들은 누구였을까?
사람 하나가
다른 사람의 날씨를 바꾸기도 해.

맑게, 따뜻하게, 혹은 가끔 눈물 나게.
지금,
너는 누구의 영향권 아래에 있어?
그 사람이 너에게
어떤 온기를 주고 있어?
혹시,
너도 누군가에게
따스한 영향권이 되어주고 있지는 않을까.

5부

내일이 기다려지는 사람으로

오늘의 자세가 내일을 만든다

축구 경기를 보면 한눈에 드러나는 게 있어.
바로 선수의 '자세'야.
수비수는 패기 있게 앞을 가로막고,
공격수는 망설임 없이 골대를 향해 달려가.
그런데 만약
수비수가 주저앉은 어깨로 뒷걸음치고,
공격수가 의심 어린 눈빛으로 힘 빠진 슛을 한다면,
그 팀이 이길 수 있을까?
절대 못 이겨.
자세가 이미 결과를 말해주거든.
살아가면서도 우리는 자주 본다.
말보다 빠르게 전해지는 사람들의 태도,
굳은 어깨, 흐트러진 시선,
입 밖으로 꺼내지 않아도
'나는 질 것 같아'라고 말하고 있는 자세들.
사람들은 그걸 금방 알아채지.
"쟤는 이미 게임에서 졌네."
그 판단은 꽤 정확해.
그러니 돌아봐야 해.

지금 나는 어떤 자세로 하루를 살고 있지?
등을 세우고,
눈빛을 앞으로 향하고,
입술에 결심 하나 다문 채
당당하게 한 걸음 내딛고 있는지.
축구든, 일이든, 인생이든.
결국 승패는 자세가 결정해.
결과는 어느 날 갑자기 오지 않아.
이미 오늘의 자세 안에 숨어 있어.

진정한 '캐퍼'를 찾아서

오늘은 30대 초반의 젊은 CEO를 만났어.
젊은 나이에 자수성가했고,
2~30대 청년들에게 워너비로 불릴 만큼 유명한 인물이었지.
그의 회사가 입주한 빌딩 1층 카페에서
나란히 앉아 이런저런 이야기를 나누고 있었어.
그런데 그때,
검은 양복의 중년 신사가 우리 테이블에 불쑥 다가왔어.
나는 당황했고,
그 CEO는 얼굴빛이 단숨에 사색으로 바뀌었지.
알고 보니,
그는 회사의 법정관리인이었어.
예상치 못한 방문에
젊은 CEO는 당혹감과 부끄러움,
여러 감정이 뒤섞인 표정이었지.
그 회사는 이미 자금난으로 법정관리에 들어간 상태였고,
사실상 경영권은 그의 손을 떠나 있었어.
외부인인 내가 있는 자리에서
자신의 상황이 드러난 게 많이 힘들었던 모양이야.
짧은 대화 후, 법정관리인이 자리를 뜨자

그는 멍하니 자리에 앉아 있었어.

그 표정을 보니,

문득 나의 젊은 시절이 떠올랐지.

사업이 무너졌던 날들,

홀로 눈물 삼키던 밤들,

그 누구에게도 털어놓지 못했던 절망과 고통.

그래서 나는 그에게 이렇게 말했어.

"사람의 캐퍼(capacity)는

좌우로만 넓어지는 게 아닙니다.

위로도 올라가야 하고,

밑으로도 내려가 봐야 합니다.

밑바닥에 서 본 사람만이

진짜로 유연해지고,

끝까지 버틸 수 있는 힘을 갖게 됩니다.

그러니 지금 이 시기는

당연히 지나야 할 통과의례라 생각하세요.

지금 겪는 어려움이

당신을 더 넓은 그릇으로 만들어줄 거예요."

그는 몇 번이나 내게 고개 숙이며
고맙다고 했어.
그때 그의 눈가에 맺힌 이슬이
아직도 선명하게 떠올라.
진짜 '캐퍼'란,
올라가 본 경험만으로는 부족해.
바닥까지 내려가 본 사람만이
진짜 의미의 세상을 알게 되는 거니까.

진정한 나를 찾는 여정

"당신은 누구입니까?"
이 단순한 질문에
우리는 대개 '직업'으로 대답하지.
"저는 그냥 평범한 회사원입니다."
"프리랜서 영상편집자예요."
하지만 직업은,
그저 사회적 역할의 이름표일 뿐이야.
소속이 바뀌는 순간,
그 정체성도 함께 흔들린다면
그건 애초에 내 것이 아니었는지도 몰라.
진짜 정체성이란
환경에 의존하지 않는 중심의 감각,
바뀌지 않는 본질에 가까워야 해.
나는 교수를 하고 있지만,
그보다 먼저
'비전을 기획하는 사람'으로 스스로 인식해.
타인의 가능성을 발견하고,
함께 나누고,
변화의 동기를 설계하는 일.

그것이 나를 이루는 핵심이야.
중요한 건
나라는 사람을
어떤 방식으로 살아낼 것인가야.
정체성은
'어떤 사람이 되는 것'이 아니라,
'끝까지 나로 살아내는 과정'이야.
흔들려도
중심은 지키는 힘,
길을 잃어도
나를 놓지 않는 마음.
그게 결국,
스스로를 배신하지 않는 삶이고
진짜 철학이 담긴 삶이지.

하나에 집중하라. Only One!

영어를 유창하게 하는 사람 앞에 서면
괜히 말수가 줄어들어.
덩크슛을 시원하게 넣는 장면을 보면,
내 키가 더 작아진 것 같고.
고급 스포츠카에서 내리는 사람을 보면,
괜히 속이 쓰리기도 해.
그럴 수밖에 없지.
우리 안에는 누구나
'나도 저렇게 되고 싶다'는 마음
하나쯤 품고 살고 있으니까.
하지만 곰곰이 생각해보면 말이야,
세상 모든 걸 다 가진 사람은 없어.
겉으로는 완벽해 보이더라도
어딘가엔 결핍이 있고,
누구나 모르게
부러움의 그림자를 안고 살아가.
결국 중요한 건
나에게 주어진 '하나'를
얼마나 진심으로 붙들고 있느냐야.

탈무드에 이런 말이 있어.
"위대한 학자가 상인이 될 수 없듯,
위대한 상인도 학자가 될 수 없다."
모든 걸 잘하려는 욕망은
결국 우리를 허무로 데려가게 되지.
그러니까,
나만의 'Only One'을 찾아야 해.
그 하나에
애정을 쏟고,
그 하나로
세상과 연결되는 거야.
그 하나가
내 안에 단단히 자리 잡으면,
다른 이의 성공 앞에서도
흔들리지 않게 되거든.
단,
그 하나를 가졌다고 으스대진 마.
말없이 묵묵히,
자신만의 하나를 갈고닦는 사람들,

이 세상엔 생각보다 많으니까.
진짜 아름다움은,
'하나'들이 모여
'함께'를 이루는 순간에 피어나.
빛나는 건,
늘 혼자가 아니라 함께일 때거든.

낙관의 힘

세상을 어떻게 보느냐는
그 사람의 삶을 고스란히 비춘다.
누군가는 같은 상황에서
"이 정도면 괜찮아." 하고 숨을 고르고,
또 누군가는
"왜 나만 늘 이래." 하고 마음을 닫는다.
부탁을 거절당한 날을 떠올려봐.
낙관적인 사람은 이렇게 말하지.
'부담이 됐나 봐.'
'내가 무리한 부탁을 했을지도 몰라.'
'다른 사람에게 부탁하면 되지, 뭐.'
그에 반해, 비관적인 사람은
'내가 싫은 거야.'
'또 나만 손해지.'
'이러다 다 떠나겠지….'
같은 자극이지만
그걸 해석하는 방식에 따라
우리의 하루는 완전히 다른 색으로 물들지.
긍정심리학자 마틴 셀리그만 교수의 연구에 따르면,

낙관적인 영업사원이 비관적인 동료보다
6.3배나 더 많은 계약을 따냈대.
사실, 나는 이게 당연하다고 생각해.
살다 보면 알게 되거든.
결국 중요한 건 일이 아니라,
그 일을 대하는 '마음의 무게'라는 걸.
그리고 더 중요한 건,
낙관이란 누가 대신 심어주는 게 아니라는 거야.
그건 '태도'고,
태도는 스스로 훈련해야 길러지는 거야.
나는 말하고 싶어.
낙관은 무모한 희망이 아니라고.
낙관은,
끝이 안 보이는
어둠 속에서도
작은 불빛 하나를
스스로 켜보는 용기야.
그래서 낙관은
단순한 성격이 아니라

삶을 견디는 자세야.

그리고 그 자세가

우리를 살게 해.

나만의 '브랜드 월드'

사람은 누구나 하나의 브랜드야.
이제는 누구도 그 사실을 부인하지 못하지.
그건 유명인이나 기업가들만의 이야기가 아니야.
지금 이 순간에도 너는
너만의 방식으로 누군가에게 기억되고 있고,
어제도, 오늘도, 그리고 내일도
네 존재는 어떤 영향을 남기게 될 거야.
"난 브랜드로 살고 싶지 않아."
그렇게 말한다 해도 이미 늦었어.
우리 모두는 이 치열한 브랜드의 세상 한가운데 서 있어.
그렇다면 이제는 질문을 바꿔야 해.
'나는 어떤 브랜드인가?'
'어떤 세계를 품고 있는가?'
그리고 가장 중요한 질문,
'나는 나만의 브랜드 월드를 설계하고 있는가?'
브랜드는 단순한 이미지가 아니야.
그건 세계관이고,
자신만의 색깔로 구성된
독립된 우주야.

나이키는

최고를 향한 퍼포먼스의 세계를 만들었고,

디즈니는

누구보다 확고한 환상의 세계를 구축했지.

그 브랜드를 떠올리는 순간,

우리의 머릿속엔 단 하나의 '분위기'가 그려지잖아.

이제 너의 차례야.

직장인이 되었고,

한 분야의 프로로 살아가는 너.

이제는 물어야 해.

"나만의 고유한 브랜드 월드는

어떤 풍경을 품고 있을까?"

그리고 그 풍경을,

하나씩 짓고 있는지 말이야.

너의 생각,

너의 말투,

너의 행동,

너의 선택,

그 모든 게 지금

너라는 세계의 지도 위에
한 줄 한 줄 그어지고 있어.
너는
이미
하나의 세계야.
그 세계를
어떻게 그려갈지-
결국
그건 너의 몫이야.

의심 대신 믿음을 선택할 때

사람 마음 깊은 곳에는
지금과는 조금 다른
삶을 꿈꾸는 바람이 있어.
더 단단한 나,
더 빛나는 내일을 향해
한 걸음 더 나아가고 싶은
갈망 같은 것.
오늘 한 제자가
내게 다가와 조심스레 말했어.
무기력한 일상에서 벗어나
좀 더 생기 있는 삶을 살고 싶다고.
그리고 부정적인 생각으로 얼룩진 마음을
긍정의 빛으로 물들이고 싶다고 했지.
나는 잠시 말이 없었어.
그 마음이 너무 익숙했거든.
우리 모두 한 번쯤은
그런 벽 앞에 선 적 있잖아.
그래서 더 깊이 생각하게 됐어.
그리고 조심스레 이렇게 말해줬지.

"스스로를 믿는 것부터
시작해보자."
아무리 작은 의심이라도
그 불씨는
순식간에 의지를 집어삼켜.
높이뛰기 선수가 바를 바라보며
'넘을 수 있을까?'
잠깐이라도 망설이는 순간,
그 발끝은 이미
무너지고 있는 거야.
'나는 할 수 있어.'
이 믿음은
안에서부터 차오르는 불꽃이야.
하지만 '될까?' 하는 의심은
그 불꽃을 단숨에 꺼뜨리는 냉기지.
변화는
거창한 다짐에서 시작되지 않아.
믿음이라는
굳은 결심에서 시작돼.

누군가를 믿는 것도 좋지만,
그보다 먼저
스스로를 믿는 것.
이 단순한 태도가
삶의 궤도를 바꾸는
가장 큰 전환점이 될 수 있어.

25일간의 놀라운 변화

나는 학생들과 함께
아주 의미 있는 실험 하나를 진행했어.
이름하여 '감사 일기 25일 프로젝트.'
책이나 강연에서는 자주 등장하는 주제지.
하지만 궁금했어.
'실제로 사람의 마음에 얼마나
변화를 줄 수 있을까?'
그래서 물어봤어.
"단 25일간 감사일기를 쓰면,
정말 삶이 달라질 수 있을까?"
실험이 끝난 날,
나는 믿기 어려울 만큼
분명한 변화를 눈앞에서 목격했어.
감사일기를 쓴 학생들은
하루하루에 대한 만족감이 훨씬 더 커졌고,
자기 자신을 대하는 태도도
한결 부드러워졌지.
가장 놀라운 건,
단 25일이

그들의 마음속 우울을 걷어내고
대신 자신감을 심어주었다는 사실이야.
감사는 생각보다
강한 힘을 가지고 있었어.
마치, 말없이 심은 씨앗이
언젠가 마음속에서
꽃을 피워내듯이 말이야.
나 역시 실험에 함께 참여하며
그 힘을 온몸으로 느낄 수 있었어.
책에서 보던 개념이 아니라,
살아 있는 따뜻한 경험이 되어 다가왔거든.
그래서 권하고 싶어.
아주 바쁜 하루의 끝에서도,
딱 한 줄이라도
감사를 적어보자고.
"오늘 내가 고마웠던 순간은
무엇이었지?"
그 한 줄이
하루의 끝에

작은 온기를 남기고,
다시
내일을 걸어갈
힘이 되어줄 거야.

하루 단 한 사람

마더 테레사에게
한 기자가 물었대.
"정말 큰 업적을 남기셨습니다.
우리 같은 보통 사람에게도
그 비결을 알려주실 수 있을까요?"
마더 테레사는
잠시 조용히 그를 바라보다
고개를 천천히 저으며 이렇게 말했지.
"큰 업적이라니요.
저는 그런 건 해본 적이 없습니다.
제가 실제로 한 일이 있다면,
그저 하루에 한 사람씩
안아준 것밖에 없습니다."
그 말을 들은 기자는
더 이상 아무 말도 하지 못했대.
아마도,
'작은 일 하나'가
어떻게 '큰 울림'이 되는지를
그 짧은 순간에 깨달았던 거겠지.
세상을 바꾸는 건

거창한 계획이나
수많은 말보다도,
지금,
내 앞에 있는
단 한 사람에게
따뜻함을 건네는 마음이 아닐까.
오늘, 너에게
가장 가까운 사람은 누구야?
그 사람을
안아줘.
두 팔로든,
마음으로든.
그 하나의 따뜻함이
또 하나의
세상을 움직이니까.

나는 어떤 사람으로 기억되고 있을까

광고업계에는 '포지셔닝'이라는 개념이 있어.
브랜드가 사람들 마음속에
어떤 모습으로 자리 잡았느냐를 말하지.
어떤 음료는 누군가에겐
'식이섬유가 풍부한 다이어트 음료'로 기억되고,
또 다른 누군가에겐
'그냥 갈증날 때 마시는 탄산수'일 수도 있어.
중요한 건 그 음료가 실제로 어떤가보다,
그 사람이 어떻게 느꼈느냐야.
이 개념은 요즘 마케팅을 넘어서
사람 사이의 관계에도 자주 쓰여.
"지연씨는 우리 팀에서 제일 성실한 사람이야."
"박 대리님은 신입들한테 따뜻한 선배로 알려져 있어요."
이처럼 우리는 누군가의 기억 속에서
조금씩 이미지로,
인상으로,
한 사람의 '느낌'으로 남아.
그건 대부분,
말투 하나,

표정 하나,
순간의 선택들이
차곡차곡 쌓인 결과야.
그 모든 조각들이 모여서
'나'라는 사람의 모양이 만들어지지.
포지셔닝에는
두 가지 특징이 있어.
하나는 억지로 만들 수 없다는 것.
겉으론 성실한 척 해도,
진짜 성실한 사람은 결국 드러나게 되어 있어.
그리고 또 하나,
한 번 자리 잡으면 쉽게 바뀌지 않는다는 것.
좋은 이미지는
삶 전체를 지지해주는 자산이 되지만,
원하지 않는 모습으로 각인된다면
그걸 바꾸는 데는
오래된 오해처럼
시간과 진심이 많이 필요하겠지.
그래서 오늘 문득 물어보게 돼.

지금 나는 누구의 마음속에서
어떤 사람으로 남아 있을까.
그리고 그 모습은,
내가 바라는 '진짜 나'와 얼마나 닮아 있을까.
혹시 바꾸고 싶은 이미지가 있다면
서두르지 않아도 괜찮아.
말투 하나,
눈빛 하나,
작은 친절 하나로
조금씩 다시 그려나가면 되거든.
시간이 걸릴 수 있지만,
진심은 언젠가 반드시 전해지니까.

기억보다 잊는 법이 필요할 때

기억력도 중요하지만
요즘 같은 시대엔
망각력이 더 필요한 능력 아닐까 싶어.
퇴근할 때,
회사에서 받은 스트레스를
그대로 가방에 넣어
집까지 가져오는 사람이 참 많아.
그 무거운 감정을
사랑하는 가족 앞에
꺼내놓게 되면 어떻게 될까.
괜한 짜증.
쓸데없는 말 한마디.
어느새 사랑은 상처로 바뀌고,
마음은 서로의 벽이 되어버려.
혼자 사는 사람이라면?
그 짜증은 고스란히
자기 자신을 향하겠지.
"나는 왜 이러지?"
"또 이렇게 하루를 망쳤네."

그렇게 자책하며
더 깊은 피로 속으로 가라앉을지도 몰라.
그래서 잊는 게 좋아.
억지로라도, 가볍게라도.
우리 대학의 한 교직원 선생님은
퇴근길 차 안에서
신나는 노래를 크게 틀고
목청껏 따라 부른대.
'막혀도 좋고,
뚫려도 좋고,
아무래도 좋다~' 하면서 말이지.
노래가 끝날 즈음엔
그날 하루의 스트레스가
마치 먼지처럼 털려 나간다고 해.
그리고 현관문을 여는 순간,
마치 새로운 하루가
다시 시작되는 것처럼
아내를 안아주고,
아이들 볼에 **뽀뽀**를 해주며

온전한 저녁의 평화를 누린대.
이게 그분의 퇴근 의식이래.
누구나
자기만의 방식으로
마음을 환기시키는
의식을 만들면 좋겠다는 생각이 들었어.
가끔은 기억력보다,
망각력이 너를 더 굳게 지켜줄 거야.

너의 이름은 어떤 메시지일까

미국이
건립된 초창기였어.
한 청교도 목사님이
멀리 미국 땅에 도착했지.
그분은 건강이 좋지 않고,
마지막을 준비하며
자신이 평생 모은
전 재산과 수백 권의 책을
한 대학에 기증했어.
그 숭고한 뜻을
잊을 수 없었던 이사진은
그 대학의 이름을
바꾸기로 했지.
그렇게 탄생한 이름이 바로,
하버드 대학교.
그 목사님의 이름,
존 하버드로부터
비롯된 거야.
우리는 모두

누군가의 마음 속에
자신의 이름을
남기고 가.
학교의 이름이
될 수도 있고,
어느 수학공식의
주인공이 될 수도 있어.
혹은 새로 발견된 별,
누군가의 일기장
안의 문장일 수도 있지.
그 형태는
정말 수천, 수만 가지야.
하지만
그중에서도
가장 오래 남는 건
마음 속의 이름이야.
가족의 기억에,
친구의 마음에,
그들과 나눈

시간 속에
남겨지는 것.
그 이름에 따라
사람들은
너를 떠올릴 거야.
가장 중요한 건
아마도
이 한 가지일지도 몰라.
너는
어떤 모습으로,
어떤 말을
남기고 갈까.

그럴 수도 있지

퇴근 후에 거울을 보는데
왠지 내 모습이 지쳐 보였어
머리카락도 헝클어져 있고,
눈은 빨갛고.
하루 종일 이렇게 지쳐 있었던 거야?
나도 몰랐는데.

그날 따라 일도 꼬이고,
기분도 울렁이고,
작은 말에 괜히 민감해지고.
집에 오는 길엔
누가 내 등을 툭 밀기만 해도
쓰러질 것 같았어.
그냥… 마음이 지쳤어.
침대에 누워서 조용히 생각했지.
'오늘 난 좀 엉망이었다.'

그리고 바로 이어서 이런 생각이 따라왔어.
'그럴 수도 있지.'

누구나 그런 날이 있잖아.
완벽하지 않아도 되는 날.
실수하고,
지치고,
잠깐 무너져도
괜찮은 날.
오늘의 너,
그 자체로 충분해.
그렇게 나를 다독여줬어.
너도
그랬으면 좋겠어.
오늘 엉망이었어도,
내일의 너는
다시 빛날 수 있어.

Pass it on - 따뜻함을 전하는 법

한 음악가의 이야기야.
젊었던 시절, 그는
가슴에 큰 꿈을 품고 미국으로 유학을 떠났어.
하지만 현실은 녹록지 않았지.
가난한 유학생의 삶은,
하루하루가 버거운 도전이었고
그는 늘 경제적인 어려움과 싸워야 했어.
그렇게 힘든 시간을 버티고 있을 때,
어느 날, 그의 삶을 바꾸는 일이 일어났어.
이름도, 얼굴도 모르는 독지가로부터
상상도 못 할 만큼
큰 장학금을 받게 된 거야.
그 순간부터 그는
더 이상 생계를 걱정하지 않아도 됐고,
오롯이 음악에만 집중할 수 있었어.
그리고 그 시간은
그를 세계적인 음악가로
성장시키는 발판이 되었지.
세월이 많이 흐른 뒤,

그는 끝내 자신을 도와줬던
독지가를 찾아냈어.
그리고 이렇게 말했대.
"그때 받은 돈,
이자까지 다 보태서 갚겠습니다."
그러자 독지가는 부드럽게 웃으며 말했어.
"Pass it on." (다른 이에게 주세요.)
그 말 속에는 이런 뜻이 담겨 있었지.
"내가 너를 도왔듯이,
이제 네가 여유가 있다면
또 다른 누군가를 찾아 도와줘.
그렇게 마음이 흘러가게 해줘."
정말 아름다운 말이야.
내가 누군가로부터 받은
친절이나 도움,
그걸 꼭 똑같은 사람에게
돌려주지 않아도 괜찮아.
대신, 누군가 힘겨워할 때
그 따뜻함을 다시 전해주는 것.

그게 진짜 갚는 거 아닐까.
아주 작은 위로여도 좋아.
한 끼 밥이 될 수도 있고,
따뜻한 말 한마디일 수도 있어.
받은 게 있다면,
그 마음을 다시
다른 누군가에게 건네보자.
Pass it on.
그 따뜻함을,
이제 네가 이어가 줘.

뱀은 언제부터 내 안에 있었을까

세상에서 가장 짧은 시를 하나 들려줄게.
제목은 〈뱀〉, 내용은 단 두 단어야.

"너무 길다."

놀랍게도 이게 전부야.
프랑스 시인 르나르가 썼지.
이 짧은 시는,
끝없이 이어지는
인간의 죄를 비유한 거라고 해.
나는 그걸 읽자마자
에덴동산에서
이브를 유혹했던 뱀이 떠올랐어.
아무리 문명이 발달해도,
교육 시스템이 아무리 똑똑해져도
인간은 여전히
탐욕을 부리고, 남을 해치고,
때론 이유 없이 상처를 주지.
그 뱀보다 더 길고 더 집요한 게

우리 안에 있다는 생각이 들었어.
사회생활을 하다 보면
이해할 수 없는 사람을 만나게 돼.
평소에는 멀쩡하다가도
어느 날 갑자기,
아주 낯선 얼굴을 꺼내는 사람.
그럴 때면 속으로 되뇌어.
"문명이 아무리 발전해도,
새로운 생명은
항상 제로 상태로 태어난다."
어떤 가치관을 가질지는 결국
그 사람 스스로의 선택이니까.
그래서 나도 오늘,
내 안에 도사리고 있는
그 '뱀'에게 말을 걸어봤어.
너는 언제부터 거기 있었니?
어디까지 자라 있는 거니?
그리고,
누군가에게 또

독을 퍼뜨리려 하는 건 아니니?
가끔은
남들을 탓하기 전에
내 안의 어둠을
먼저
들여다봐야 할 때가 있어.
그렇게
나부터
조금씩
부드러워지고,
흔들림 없이
내 자리를 지켜갈 수
있을지도 모르지.

하나의 진지한 다짐

사람은 참 쉽게 다짐하지.
그리고 그만큼이나 쉽게 그 다짐을 잊고 살아가.
"이번엔 정말 달라질 거야."
"내일부터는 꼭 해낼 거야."
말은 찰랑거리고,
의지는 잠깐 뜨겁다가
어느새 다시 제자리로 돌아오곤 해.
나도 그래.
지금까지 몇 번이나 다짐했는지 몰라.
그 중 얼마나 지켰는지는,
솔직히 잘 모르겠어.
하루 끝에 스스로에게 물었어.
이렇게 많은 다짐을 하고도,
왜 늘 허전할까.
꽤 오래 생각했어.
그 끝에 다다른 내 작은 결론은 이랬어.
지키지 못할 열 가지 어설픈 다짐보다는
하나라도
끝까지 지켜낼 수 있는 다짐을 하자.

한 걸음이라도
진짜 나아갈 수 있는 다짐,
흔들려도
다시 돌아올 수 있는 다짐,
시간이 흘러도
내 안에 남아 있을 다짐.
혹시
너도 그런 다짐 하나쯤 품고 있다면,
언젠가 살짝 들려줘.
그 다짐,
너만 아는 작은 비밀처럼
오래도록 네 안에서
따뜻하게 살아 있었으면 좋겠어.

사랑하고, 용서하고, 용기를 주는 삶

"내가 죽은 뒤,
사람들이 내 외모나 성공보다
내가 어떤 사람이었는지를
이야기해 줬으면 해요.
어떻게 사랑했고, 어떻게 용서했고,
어떤 방식으로 용기를 건넸는지를요."
이 말은
두 팔도, 두 다리도 없이 태어났지만
세상에 희망을 전하러 걷는 사람,
닉 부이치치가 한 말이야.
나는 그 말을 듣고
한참을 멈췄어.
결국 사람에게 남는 건
어떤 차를 몰았는지,
어떤 일을 해냈는지가 아니라
누군가의 마음에
어떤 온기를 남겼는가,
그거라는 생각이 들었거든.
오늘

우리에게 주어진 할 일은
대단한 성취가 아닐지도 몰라.
그저
더 사랑하고,
조금
더 용서하고,
한 걸음
더 곁에 다가가
용기를 건네는 일일지도.
그게 오늘 우리 안에서
가장 작고,
가장 거대한 일이 될 수 있으니까.

선을 지키는 법

세상을 살아가다 보면
참 다양한 사람들을 만나게 돼.
어떤 사람은 유난히 따뜻하고,
어떤 사람은 놀랄 만큼 이기적이지.
남의 처지는 아랑곳하지 않고
오로지 자기 이익만을 좇는 사람들.
그 무심한 말 한마디,
그 날카로운 태도에
주변 사람들은 상처받고 말지.
그럴 때마다 생각해.
이런 무자비함은 어디서부터 시작된 걸까.
아마도
'손에 쥐기 어려운 걸 가지려 할 때,
사람은 무자비해질 수 있다'는 말처럼
모든 건
아주 작은 '탐심'에서 시작되는지도 몰라.
처음엔 그저 단순한 바람이었겠지.
하지만 '조금만 더…,
'나도 저 사람만큼….'

그 욕심이 자라다 보면
우리는 어느 순간,
자신도 모르게
선을 넘어버릴 수 있어.
그래서 경계해야 해.
내가 욕심을 품은 그 순간부터,
그 욕심이 누군가의 마음에 상처가 되지 않도록
마음을 가볍게,
그러면서도 흐트러지지 않게
붙잡아야 해.
선을 지키는 일은
결국 나를 지키는 일이기도 하니까.
넘어선 다음엔,
돌아올 길이
늘 멀어지는 법이거든.

흔들릴 땐, 마음 안의 북극성을 따라

오늘은 후배 교수와 나눈 대화를 들려줄게.
예고도 없이 교수학습센터장 자리를 맡게 됐다는 말에
문득, 10년 전의 내가 떠올랐어.
나 역시 준비도 각오도 없이
갑자기 맞닥뜨렸던 순간이 있었거든.
그 마음을 알기에
나는 망설임 없이 후배의 연구실 문을 두드렸지.
조용한 방 안에서
천천히 입을 열었어.
"하나만 전해줄게요.
이 역할에서 가장 중요한 건 '철학'이에요.
철학이 없으면, 생각보다 쉽게 흔들려요.
누군가의 권위 있는 말 한마디,
전통이라는 이름의 관성,
목소리 큰 사람들의 주장…
그 흐름에 휩쓸릴 수 있어요.
그럴수록 더 필요한 건
나만의 기준이에요.
왜 교육을 하는지,

무엇이 진짜 배움인지,
우리가 함께 있는 이 교육기관이 어디로 가야 하는지.
그리고, 내가 왜 여기에 서 있는지를
스스로에게 물어봐야 해요.
교수로서 어떤 사람이고 싶은지,
어떤 가치에 기대어 살아가고 싶은지.
그 고민들이 쌓여서
당신만의 철학이 될 거예요.
그 철학을, 언제 어디서든
흔들림 없이 말할 수 있어야 해요.
그래야만 힘의 논리에 밀리지 않고,
진심이 왜곡되지 않아요.
철학은
스스로의 질문 끝에서만
비로소 얼굴을 드러내요.
그 철학이,
당신을 지켜줄 거예요."
내가 이 자리에 서 있는 이유는 무엇인가.
그 질문 앞에

매일 멈춰 서는 마음.
소신이란 건
결국 내 안의 이유를
하루에도 몇 번씩
다시 묻고,
다시 확인하는 일이야.
누가 뭐라고 해도
스스로에게 고개를 끄덕일 수 있는 믿음.
그게 너를
더 흔들림 없이
네 자리에서
서 있게 해줄 거야.
'남들이 보는 나'보다
'내가 아는 나'가
더 중요하니까.

신이 해결 대신 주는 것

어느 날, 한 청년이
눈물로 기도하고 있었어.
"제게 닥친 이 문제를,
부디 깨끗이 해결해 주세요.
제발, 이 고통만은 사라지게 해주세요."
너무 간절했는지
어디선가
신의 낮은 음성이 들려왔대.
"그래, 내가 너의 기도를 들었다.
하지만, 나는 그 기도를 들어줄 수 없다."
청년은 더 간절해졌지.
"제발요. 이 문제만은 꼭 해결되게 해주세요."
그러자 신은
천천히, 그러나 단호하게 다시 말했어.
"나는 그 문제를 없애줄 수는 없지만,
그 문제를 이겨낼 수 있는 능력과 지혜는
너에게 충분히 줄 수 있다."

우리는 종종 바라지.

문제가 말끔히 사라지길,
복잡한 일들이 한순간에 정리되길.
하지만 이 세상에서
문제가 아예 사라지는 일은 거의 없어.
잊을 만하면 다시 찾아오는 걱정,
풀리지 않는 관계,
예상치 못한 사고.
그래서 이제는
바라는 방향을 조금 바꿔보려 해.
'문제를 없애주세요'가 아니라,
'문제를 넘어설 수 있는 힘을 주세요'로.
외부의 평온을 구하기보다,
내 안의 강인함을 키우는 쪽으로.
너에게 닥친 일이
너무 크고 복잡해 보여도,
그 문제를 넘을 수 있는 너 자신이 된다면
어떤 길도 결국, 지나가게 돼.
세상은 문제를 줄이지 않지만,
너는 문제를 넘는 힘을 키울 수 있어.

그러니까 이제는
그 문제를 이길 수 있는
네 편이 되어주자.
세상은 바뀌지 않아도
나는 달라질 수 있으니까.

기다리기엔 인생이 너무 짧으니까

오늘은 영화 〈그레이트 뷰티〉에서
한 문장을 만났어.
"예순여섯 살이 되고 나서
며칠 후 내가 깨달은 가장 중요한 건
원하지 않는 일에 낭비할 시간이 없다는 사실이다."
짧고 강한 이 말을 듣고 나서
한참 동안 멍해졌어.
우리도 언젠가 예순여섯이 될 테지.
그때 가서야 이런 말을 하게 되는 건
어쩐지 너무 아쉬운 일이 아닐까.
원하지 않는 일에,
가슴이 설레지 않는 일에,
나를 자꾸만 작아지게 만드는 일에
시간을 쓰지 않아도 된다는 걸
꼭 예순여섯이 돼서야 배워야 할까.
사실 지금도 알 수 있어.
마음은 이미 알고 있었거든.
다만 아직 실천하지 않았을 뿐.
언젠가 더 준비되면,

더 완벽해지면…
그런 핑계들로
조금씩 미뤘던 거야.
그런데 인생은
우리가 준비될 때까지
기다려주지 않잖아.
마음이 움직이는 그 순간,
내가 나를 더 사랑해주고 싶은 그 순간,
바로 그때 움직여야 해.
지금 이 나이에 할 수 있는 일이 있어.
이 나이여서
더 아름답게 빛날 수 있는 순간이 있어.
기회는 기다려주는 게 아니라,
붙잡는 거야.
망설이기엔, 기다리기엔
우리 인생은 생각보다 훨씬 짧고 소중하니까.

6부

너의 인생을 너답게 그려봐

내 마음의 첫걸음, 단단한 의지

어느 날,
분식집 벽에 붙은 글귀 하나가
눈길을 붙잡았어.
줄을 서서 기다리던 그 순간,
벽에 붙어 있던 그 문장들.
"떡볶이 양념의 고춧가루는
국내산 81%, 베트남산 19% 사용."
"하늘이 두 쪽 나도 튀김용 기름은
매일 새 기름으로 사용합니다."
(1일 1~2회 교체)
귀엽기도 했지만
이상하게 그 안에서
주인장의 결연한 의지가 느껴졌어.
하나하나 적어 놓은 세부사항들.
그 작은 글 속에
'나는 이걸 진심으로 하고 있어'
굳는 결의가 고스란히 담겨 있었거든.
그 사람은
맛있는 음식만 파는 게 아니라

신뢰도 같이 팔고 있었던 거야.
그래.
누군가의 신뢰를 얻고 싶다면
먼저 네 마음속 의지를
또렷하게 보여줘야 해.
세상은 아직
너의 아이디어를 모를 수 있어.
하지만
네 의지,
네 태도,
그게
먼저 보이게 돼 있어.
아이디어는 그다음이야.
결연한 마음으로
작은 한 걸음이라도 떼어봐.
그 길은
천천히, 그러나 틀림없이
너를 너만의
목적지로 데려가줄 거야.

사람은
생각에 끌리는 게 아니라
의지에 끌리는 법이거든.

죽음을 떠올리며, 삶을 깨닫다

내가 맡았던 교양 수업 중
학생들이 가장 오래 기억하는 순간이 있어.
'죽음 체험' 수업.
강의실의 불을 모두 끄고
작은 촛불 하나만 깜빡이게 해.
숨소리조차 삼켜버리는 어둠 속.
한 명의 학생이 앞으로 나와
유서를 읽기 시작하지.
"엄마, 아빠, 그리고 내 동생에게…"
조심스럽게 흘러나오는 인사는
반쯤 읽었을 즈음
여기저기서 훌쩍이는 소리를 불러.
읽던 학생도
목이 메어 말을 멈추고
그제야 강의실 안의 다른 이들도
눈시울을 훔쳐.
유서를 다 읽은 학생은
관 안으로 들어가 눕고
나는 관 뚜껑을 덮어.

그리고 망치로 쾅, 쾅, 못을 박아.
170명 대형 강의실 안에
망치 소리만 쓸쓸하게 울리지.
삶과 죽음 사이의 거리가
이토록 가까웠던 순간은
아마 그들 인생에서 처음일 거야.
잠시 후,
나는 남은 이들을 대신해
마지막 인사를 해.
그리고 20초간의 침묵.
그 침묵이 끝나면
조심스럽게 관 뚜껑을 열어줘.
그때
학생은 이전과는 전혀 다른 얼굴로 일어나.
때로는 힘이 빠져
누군가의 손을 빌려야
겨우 몸을 일으켜.
마치
다시 태어나는 순간 같아.

그렇게 한 명씩
자기만의 죽음을 지나
각자의 삶으로 되돌아가지.
이 체험 하나로
많은 학생들이 말해.
삶이 얼마나 소중한지
처음으로 깊이 느꼈다고.
자기 삶을
어떻게 살아야 할지
처음으로
진짜 고민하게 됐다고.
흰 종이는
검은 벽에 붙였을 때
더 하얗게 빛나듯,
죽음을 곁에 둘 때
삶도 더 선명하게
우리 앞에 모습을 드러내지.
죽음과 마주하는 순간
삶은 처음처럼

조용히 숨을 쉬어.
그 숨이 얼마나 따뜻하고 귀한지,
그제야
가슴 깊이 알게 되거든.

향기처럼 번진 작은 용기

어느 낡은 마구간에서
한 여성이 조용히 사업을 시작했어.
돈도, 인맥도, 빽도 없었지.
그녀에게 있던 건
단 하나, 자신이 만든 향수에 대한 확신뿐이었어.
'언젠가 이 향수를 백화점에 꼭 들여놓고 말 거야.'
그 꿈 하나로 버텼어.
하지만 현실은 거칠고 멀었지.
아무도 그녀의 향수를 알아주지 않았고,
백화점 문턱은 높고 낯설기만 했어.
그러던 어느 날,
그녀는 한 백화점 1층으로 조용히 들어섰어.
그리고는 향수병 하나를 일부러
툭, 떨어뜨렸지.
바닥에 부딪힌 유리병이 산산이 깨지고,
그 향기가 백화점 안 가득 퍼졌어.
그 향기는
분명, 특별했지.
지나가던 사람들이 발걸음을 멈추고

무언가에 이끌리듯 향기 나는 쪽으로 다가왔어.
그 사람들 중엔
그 백화점 임원의 딸도 있었지.
그녀는 그 자리에서
"이건 꼭 입점해야 해요"라며
강하게 추천했어.
결국, 그 향수는
도시에서 가장 큰 백화점에 입점하게 됐고,
그 작고 조용했던 첫걸음은
세계적인 브랜드의 시작이 되었지.

그녀의 이름은 에스티 로더.
지금도 수많은 이들이 그녀의 이름을 기억해.
하지만 내가 더 기억하고 싶은 건
그녀가 만든 향수도,
그녀의 성공도 아닌
그 첫걸음.
마구간에서 시작된 아주 작은 시작이
세상을 바꾸는 향기가 되었듯,

우리의 하루, 우리의 시도 하나도
결코 작다고 말할 수 없을 거야.
지금의 작은 용기가
내일의 세상이 될 수도 있으니까.

존중의 부메랑, '하버지'

"교수님, 별명 새로 생긴 거 아세요?"
어느 날 한 학생이 웃으며 말을 건넸어.
"우리끼리는 교수님을 '하버지'라고 불러요.
'교수님은 꼭 아버지 같아요' 해서요."
나는 웃었지.
"하하하, 그렇게 불러주니 고맙네."
하지만 그 순간,
20년 전 이 학교에 처음 발을 들였던 날이 떠올랐어.
첫 학기, 첫 수업.
나는 강의실에 선 채
학생들 앞에서 이렇게 말했지.
"나는 항상 강의실 맨 뒷자리에
너희 부모님들이 앉아 있다고 생각하며
너희를 대할 거야.
그게 가르치는 사람으로서
지켜야 할 마음이라고 믿는다."
그 말은 그냥 선언이 아니었어.
진심이었고,
그 진심은 내 수업을 조금씩 바꿔놨어.

학생들은 느꼈어.
내가 그들을 사람으로, 인격체로,
존중하고 있다는 걸.
존중은 시나브로 전염되더라.
내가 건넨 진심이
어느새 학생들 사이에도 스며들었고,
그렇게 수업은 단지 지식을 주고받는 공간이 아니라
존중을 배우고 나누는 자리가 되었어.
그게 참 오래 걸렸지만,
결국 돌아오더라.
'하버지'라는 별명으로.
그 한 단어에
나의 철학이,
나의 시간이,
나의 온 마음이 담겨 있었어.
존중은 돌고 돌아
부메랑처럼 나에게 돌아왔고,
그 안엔
사랑도,

신뢰도,
그리고 참 따뜻한 유대도
함께 들어 있었지.
가르치는 건,
결국
사람이 사람을 대하는 일이란 걸
나는 그렇게 배웠어.

오늘도 작은 일 앞에 서는 너에게

"나는 언젠가 큰일을 할 사람이야."
이런 말을 입에 달고 사는 사람들이 있어.
말은 늘 반짝거리는데,
정작 눈앞의 작은 일엔 손끝 하나 움직이지 않지.
그들은 기다려.
마치 세상이 알아서
자기 크기에 딱 맞는
큰일을 데려올 거라고 믿으면서.
그런데 말야,
나는 그런 사람보다
"작고 시시한 일일지라도
내가 맡았으니 정성을 다해야지."
이렇게 말하며
남들이 꺼리는 일도
말없이 해내는 사람이 훨씬 멋지더라.
만약 네가 어떤 그룹의 리더라면,
과연 누구에게 중요한 일을 맡기고 싶겠니?
나는 망설임 없이 말할 수 있어.
후자야.

옛 고전에도 이런 말이 있어.
"모든 어려운 일은 쉬운 일에서 시작되고,
모든 큰일은 아주 사소한 일에서 비롯된다."
네가 지금 하고 있는 일이
세상에서 가장 지루하고
하찮아 보여도 괜찮아.
그건 어쩌면,
네 안의 가능성을 조용히 연마해 주는
숨겨진 연습장일지도 몰라.
가장 빛나는 사람은
자기 자리에서 묵묵히,
자기만의 리듬으로 걸어가는 사람이야.
잊지 마.
작은 걸 끝까지 해내는 사람에게만
세상은 언젠가 큰일을 맡기게 되어 있어.

'3분'이 가르쳐준 것

사업하던 시절이었어.
한 대기업에 프레젠테이션을 하러 가던 날.
막판에 기획서를 고치느라
출발이 조금 늦어졌지.
게다가 길마저 막혀버렸고,
결국 약속 시간보다 딱 3분 늦게 도착했어.
그런데 말야,
회의실에 들어서자마자
사람들이 우르르 빠져나오더라.
사장의 한마디.
"지각했으니, 해산."
믿기지 않았어, 겨우 3분인데.
나는 붙잡고 사정을 했지만
그 누구도 다시 자리에 앉지 않았어.
그땐 억울했어.
속이 부글부글 끓었지.
그깟 3분 때문에,
나는 너무나 큰 걸 잃어버린 기분이었거든.
하지만 시간이 흘러

그날이 내게 속삭인 말을 이제야 알아.
그 '3분'은,
시간이 아니라 신뢰의 무게였다는 걸.
3분이든 3시간이든
약속을 어긴 건 같다는 걸.
그리고
신뢰는 온기가 아니라
차가운 절도 같은 것.
딱 맞아떨어져야만
그 안에 믿음이 생긴다는 걸.
두 달 후,
같은 회사에서 다시 경쟁 PT가 열렸어.
나는 이번엔 30분 일찍 도착했지.
그리고 결국, 이번엔 일을 따냈어.
이번엔 신뢰까지.
약속이란 건
시간의 문제가 아니야.
그 시간 안에 담긴
마음의 자세야.

3분을 가볍게 여긴 사람은
3년의 기회도 놓치게 돼.
신뢰란,
단 한 번도 흐트러져선 안 되는
보이지 않는 약속이니까.

가장 희귀한 에너지, 감동

세상을 움직이는 힘,
그건 꼭 크고 요란할 필요 없어.
사람을 조용히,
그러나 깊게 움직이는 힘이 있어.
그게 바로
감동이라는 에너지야.
감동은
큰 소리를 내지 않아.
빛을 뿜지도 않고
나팔을 불지도 않아.
그저 지친 마음 틈새에
살며시 스며들어,
돌덩이 같던 마음을
깃털처럼 가볍게 바꿔놓지.
누군가에게 감동을 준다는 건
그 사람의 하루를,
어쩌면 인생의 한 구석을
따뜻하게 데워주는 일이야.
주변에 .

감동을 아낌없이 주는 사람이 있다면,
그 사람을 꼭
귀하게 여기자.
작은 배려 한 조각,
따뜻한 말 한 마디만으로도
세상은 분명 1도쯤 더 따뜻해질 수 있으니까.
혼자라는 기분이
습관처럼 굳어버린 요즘,
우리가 진짜 아껴야 할 자원은
석유도, 전기도 아니야.
감동이야.
그건 누구나 줄 수 있지만
정작 아무나 주지 못하는,
가장 희귀한 에너지야.

마음속 하나뿐인 의자

우리 마음은
두 가지 감정을
한꺼번에 담아두지 못해.
누군가를 사랑하면서
동시에 미워하는 건 어렵지.
기쁨과 슬픔,
평온과 분노도
서로 자리를 양보하지 않거든.
왜 그럴까?
사실 우리 마음속엔
단 하나의 의자만 있기 때문이야.
그 자리에 '의심'이 턱하니 앉아 있으면
'확신'은 멀찍이 구석에 서 있을 수밖에 없고,
'두려움'이 등을 기대고 앉아 있다면
'용기'는 멀리 문턱만 맴돌 뿐이지.
반대로
'확신'이 여유롭게 앉아 있다면
'의심'은 감히 들어올 생각도 못 하고,
'사랑'이 편히 앉아 있으면

'미움'은 그림자조차 숨길 자리가 없지.
그 의자,
누구에게 내어줄지는
오직 너만이 정할 수 있어.
마음이 흔들릴 땐
네 의자에 누가 앉아 있는지
가만히 들여다봐.
그 순간,
네가 정말 원하는 감정이
어떤 건지 보일 거야.

인정받고 싶다는 마음이, 너를 자라게 해

한때는
SNS에 일상을 올리고 '좋아요' 수를 세는 사람들을
'ㅇㅈ세대'라 부르곤 했어.
지금은 그 말, 잘 들리지 않지만
그 마음만큼은
아직도 우리 안에 살아 있지.
인정받고 싶고,
내가 괜찮은 사람이라는 걸
누군가 말해줬으면 하는 마음.
사실, 이건 어느 세대의 유행이 아니라
아주 오래전부터 인류가 품어온
본능에 가까운 마음이야.
지식을 쌓고,
기술을 발명하고,
그 흔적을 남기기 위해
수많은 사람들이 밤을 지새운 이유 중 하나는
어쩌면,
그 한마디 때문이었을 거야.
"대단하군요."

"정말 좋아요."
조금은 쑥스럽고,
조금은 간절한
우리 마음 안쪽의 목소리.
나도 그래.
책을 낸 뒤,
"작가님의 글이 큰 도움이 되었어요."
독자의 이 한마디에
하루가 환하게 열리는 날이 있어.
그러니까
네가 지금 누군가의 인정을 원하고 있다면,
그 마음을 부끄러워하지 마.
인정 욕구는
성장을 위한 자연스러운 갈망이야.
배가 고플 때 밥을 찾듯,
마음이 자라고 싶을 때
인정을 찾는 건 당연한 일이야.
다만,
밥을 너무 많이 먹으면 체하듯

인정도 너무 많이 바라면
내 안이 비어가게 돼.
그러니
조금은 부족하게,
조금은 여유롭게.
그 마음을 잘 달래면서
천천히 걸어가 봐.
인정받고 싶은 마음을
부끄러워하지 마.
그건 너 안의 가능성이
"나도 자라고 싶어" 하고 손드는 순간이니까.
그 마음을 연료 삼아서
네가 원하는 자리까지,
안온히,
부드럽게
가닿기를.

소리 없는 배려가 말을 걸 때

매장에 들어갔을 때,
직원이 조용히 뒤를 따라오는 그 기분.
너도 한 번쯤 느껴봤지?
'그냥 혼자 보고 싶은데...'
속으로 중얼거리면서도
괜히 미안한 마음까지 드는
그 묘한 어색함.
그런데
이상하게도
그 상황은 여전히 많은 매장에서 반복되고 있어.
'서비스'라는 이름 아래서 말이지.
얼마 전, 정말 반가운 매장을 하나 만났어.
한 의류 브랜드였는데
직원이 두세 명이나 있었지만
그 누구도 내 뒤를 따르지 않았어.
누구도 말을 걸지 않았지.
처음엔 조금 낯설었어.
어색하고 허전한 듯했지.
그런데 곧 마음이 편안해지더라.

행거에서 자켓 하나를 꺼내 드는 순간,
작은 카드가 눈에 들어왔어.
디자인, 패턴, 소재는 물론
어떻게 코디하면 좋을지까지
정성스럽게 적혀 있었지.
다른 옷들도 그랬어.
하나하나가 마치
친절한 미소로
나한테 말을 걸고 있는 것 같았어.
그 덕분에
나는 한 번도 직원을 부르지 않았고,
누구의 간섭도 없이
내 리듬대로,
내 취향대로
옷을 고를 수 있었지.
그날, 알았어.
사람의 마음을 얻기 위해
꼭 요란한 말이 필요하진 않다는 걸.
때로는

말 없는 배려가
가장 따뜻한 대화가 되기도 해.
입을 열지 않아도
충분히,
누군가의 마음에
말을 걸 수 있어.

본질은 언제나 준비 중이다

전국 교수들이
연구 성과를 겨루는 대회가 있었어.
한 후배 교수가 그 자리에 참가하게 되었지.
그가 나에게 조심스레 털어놓더라.
"심사위원도 교수님들이시잖아요.
그런 분들 앞에서 제 연구를 발표한다는 게…
왠지 꺼림칙해요."
표정엔
긴장과 불편함이 고스란히 담겨 있었어.
나도 잘 알지.
그 마음.
그래서 살짝 웃으며 이렇게 말해줬어.
"그분들은 교수님을 평가하러 오는 게 아니에요.
교수님이 연구한 '교수학습모형'을 보러 오는 거죠.
그리고 그건, 교수님이 누구보다 잘 알고 있잖아요.
그러니까 그냥
가장 잘 아는 걸 편하게 이야기해주면 돼요."
내 말이 끝나자
그는 길게 숨을 내쉬었어.

그 안에는 안도와 여유가 스며 있었지.
생각해보면 그래.
우리는 종종
'평가받는다'는 생각에
자꾸만 스스로를 본질과 떼어놓으려 해.
그 불편함은
'나'라는 사람 자체가
판단받고 있다는 착각에서 시작되거든.
하지만 실은,
그들이 보고 싶어 하는 건
'나'가 아니라
내가 만들어낸 결과물이야.
그걸 잊지 않으면
불필요한 두려움에서
조금은 벗어날 수 있어.
때로는
본질을 감싸고 있는
말투, 옷차림, 시선 같은 껍데기들이
우리를 더 복잡하게 만들어.

그럴 땐
그 껍데기를 조심스럽게 벗겨내고
그 안에 있는
핵심만 바라보는 연습이 필요해.
본질에 시선을 고정하는 습관.
그거 하나만으로
삶은 훨씬 더 단순해지고,
훨씬 더 편안해질 수 있어.
본질은
늘 요란하지 않아.
필요할 때
묵묵히 빛날 준비만 하고 있을 뿐이야.

One Vision, One Flow

세상살이에서
가장 어려운 일 중 하나는
비전이 서로 다를 때 생기는 갈등이야.
비즈니스도 그렇고, 가정도 마찬가지지.
각자 옳다고 믿는 방향이 부딪힐 때,
우리의 마음도 함께 갈라지기 쉬워.
그럴 땐
'누가 옳은가'를 따지는 대신,
'어떻게 함께 흐를 수 있을까'를
묻는 게 더 중요해.
자연은 그걸 조용히 가르쳐주지.
두 개의 냇물이 만날 때
서로를 밀어내지도,
덮어버리지도 않아.
그저 조용히
서로의 물길을 받아들이며
하나의 강이 되어 흘러가.
더 멀리,
더 깊게,

더 힘 있게.
비전도 마찬가지야.
서로 다른 생각들이
부드럽게 만나고,
섞이고, 흐를 때
진짜 강해질 수 있어.
함께 그릴 수 없는 비전이라면
그 조직은 언젠가
흩어질 수밖에 없지.
하나의 비전이 아니면
결국 Division,
갈라서게 돼.
One Vision or Division.
흐르거나,
끊기거나.
그건,
우리의 선택이야.

나도 고래처럼 항진하고 싶다

타아앙……
꼬리로 바다를 내리친다.
타아아앙……
이번엔, 꼬리로 나를 툭 치며 나아간다.
타아아아아앙……
고요를 가르며 퍼지는 저음.
그 깊은 소리에
내 마음도 파문처럼 번져간다.

내가 사랑하는 시,
박남철의 『고래의 항진』.
이 구절을 읽을 때면
눈앞에 너른 바다가 펼쳐지고
나는 어느새
물결을 밀치며 나아가는
한 마리 고래가 된다.
그리고 또 하나의 고래가 있다.
그 고래는 거침이 없어.
머뭇거림도 없어.

앞으로-
쭈욱,
쭈욱,
파도를 가르며 묵묵히 나아간다.
그 고래는 항진해.
어제의 두려움을 딛고
오늘의 바다를 향해.
나도 그런 고래이고 싶다.
흔들림 없이.
힘차게.
묵묵하게.
저 푸른 대양을 향해.
고래는 소리 내지 않아도
그 거대한 몸으로 말해.
나아간다는 건,
그 자체로 울림이니까.

그 자리가 나를 시험할 때

'자리가 사람을 만든다'는 말이 있어.
맞는 말이야.
하지만 언제나 좋은 방향으로만
만드는 건 아니더라.
제법 괜찮은 자리를 차지한 뒤,
도움보다는 억누르고,
함께 가기보다 잇속부터 챙기는 사람 보면
문득 이런 생각이 들어.
그 자리가 과연
누구를 위한 것이었을까.
자리는 사람을 키우는 발판이 될 수도 있지만,
누군가에겐
사람을 망가뜨리는 독이 되기도 해.
그리고 결국엔
늘 이런 말이 따라붙지.
'차라리 그 자리에 가지 않았더라면…'
사실 자리는
보이지 않는 그림자를 데리고 다녀.
책임이라는 이름의 그림자.

의무라는 이름의 무게.
그걸 감당할 줄 아는 사람만이
비로소
그 자리에 어울리는 사람이 되는 거야.
자리에 앞서
마음부터 준비되어야 해.
그래야
그 자리가 사람을 키우고,
함께 걷는 이들에게도
힘이 될 수 있으니까.
자리가 사람을 만드는 게 아니라,
그 자리를 대하는 태도가
결국, 사람을 만드는 거야.

결승선보다 더 값진 것

멕시코에서 열린 철인 3종 경기.
마지막 순간,
1등으로 달리던 선수가
결승선 바로 몇 걸음 앞에서
그만 무릎을 꿇고 쓰러지고 말았어.
그때,
뒤따라오던 2등 선수가 멈춰 섰어.
그리고
아무 망설임도 없이
손을 내밀었어.
넘어진 선수를 일으켜 세우고,
그와 함께
천천히 걸어
결승선을 향해 나아갔어.
그 사이
3등 선수가 먼저 들어와
결국 1등을 차지했지만,
관중들의 박수는
어깨동무하고 들어온 두 사람에게

더 크게, 더 뜨겁게 쏟아졌지.
그들은 보여줬어.
누구보다 빨리 달리는 것보다,
누군가를 일으켜 함께 걷는 순간이
훨씬 더 값지고,
훨씬 더 아름다울 수 있다는 걸.
넘어진 이에게 내민 그 손.
그 순간,
세상을 가장 따뜻하게 밝혀준 건
금메달이 아닌,
넘어진 이를 일으킨 그의 '금손'이었어.
사람들의 박수는
기록이 아니라,
그 손이 전한 마음에 쏟아졌지.
그것은 승리를 양보한 게 아니라,
진짜 인간다움을 선택한 용기였으니까.
결승선은
빨리 도착하는 곳이 아니라,
함께 완성하는 순간을 누리는 곳이야.

숫자를 감당하는 법

어릴 적엔
감히 닿을 수 없을 거라 생각했던
그 무거운 나이의 짐.
이제는
온몸으로 느끼게 된다.
'벌써'라는 말이
이제 더는 낯설지 않다는 사실에
어쩐지 섬뜩한 감정을 숨기기 어렵다.
무엇이 그렇게
늦어버린 듯한 기분을 만드는 걸까.
시간이 흐르는 속도를 가늠하며
문득 생각한다.
나는 지금 어디쯤 와 있는 걸까.
해마다 한 해 한 해가 지나고,
별다른 변화 없이 흘러가던 시간들이
어느새
내 손안에,
내 발밑에
고요히 쌓여 있다는 사실.

그게 생각보다
간단하지 않다.
나이가 든다는 건
숫자를 더하는 일이 아니라,
그 숫자를 감당할 힘을
내 안에
조금씩 키워내는 일이다.
그 힘은
세월과 함께 조용히 자라고,
우리가 세상을 마주하는 방식에
차분히 흔적을 남긴다.
사람들은
그걸 '내공'이라 부른다.
언젠가
그 내공을 손에 쥐고
더 이상 당황하지 않으며,
흔들리지 않고,
묵묵히 걸어갈 수 있기를.
그게 어쩌면,

진짜 어른이 되어간다는 뜻일지도 모른다.
나이는
더해지고,
나는
천천히 깊어질 뿐이다.

마음을 붙잡아준 한 문장

민주화와 노예제 폐지라는
위대한 발자취를 남긴 링컨 대통령.
그의 삶은 안타깝게도
암살이라는 비극으로 끝났지만,
그가 남긴 유품 중 하나는
사람들의 마음을 오래 붙잡았어.
바로, 신문지 조각 한 장.
사람들은 궁금해했지.
"대체 왜 대통령이 신문지를 품에 넣고 다녔을까?"
얼마 지나지 않아
그 조각의 내용이 알려졌어.
"링컨 대통령은 다음과 같은 업적을 남겼다…
그의 탁월한 리더십은 높이 평가받아 마땅하다."
누구보다 확고한 신념을 가졌던 링컨도
결국은 누군가의 인정과 격려를
필요로 했던 거야.
그 문장이
그의 무거운 하루를
견디게 했을지도 몰라.

며칠 전, 한 목사님을 만났어.
지갑에서 조심스레
오래된 메모지 하나를 꺼내 보여주셨지.
"목사님이 우리 목사님이어서 정말 감사합니다."
그 한 문장이
오래도록 마음을 지탱해줬다고,
작게 웃으며 말하시던
그 얼굴이 아직도 선명해.
사람은 누구나 격려가 필요해.
아무리 강해 보여도
속은 늘 흔들리고, 외롭거든.
나도 그래.
때로는
진심 어린 말 한마디가
그 어떤 도움보다 더 간절할 때가 있어.
그러니까,
누군가의 마음에 오래 남을
따뜻한 문장 하나.
그 문장을

우리가 더 많이 주고받을 수 있으면 좋겠어.
사람은 결국,
자기 마음을 붙잡아주는
단 하나의 문장으로
긴 하루를 견뎌내기도 해.

그저 하나 더 했을 뿐입니다

지금까지도 잘해왔고,
앞으로도 잘 해낼 거라는 걸
난 믿어.
하지만 누구라도
가끔은 마음이 약해지고
흔들릴 때가 있지.
'이게 최선일까?'
'지금 나, 정말 잘하고 있는 걸까?'
그런 생각이
문득 스며들어올 때가 있어.
그럴 땐
이 이야기를 떠올려봤으면 해.
미국 굴지의 건축회사에서
20대에 임원이 된 하형록 회장.
누군가 그에게 물었대.
"그렇게 성공할 수 있었던 비결이 뭔가요?"
그는 조용히 답했지.
"비결이랄 건 없습니다.
윗사람이 '10'을 시키면

하나를 더해서 '11'을 했을 뿐입니다."
그 '하나 더'가
남들과 다른 작은 차이였고,
그 작은 차이가
스스로를 믿는 방식이었던 거야.
누군가를 이기기 위한 경쟁이 아니라,
내 안의 불안을 이겨내는 태도.
그렇게 쌓인 '하나 더'가
흔들리는 마음을 붙잡아주고
의심을 확신으로 바꾸는 힘이 되었지.
그리고 그 결과로 찾아온 성공은
그저 덤처럼 따라온 선물이었어.
지금 너에게도
'하나 더'가 필요할지 몰라.
그건 아주 작은 선택일 수도 있어.
하지만 그 작은 마음이
오늘을,
그리고 내일을
분명히 다르게 만들 거야.

결국, 차이를 만드는 건
멀리 있는 거창한 꿈이 아니라,
오늘 한 발 더 내딛는
너의 작은 도전이야.

'살위칭감사긍', 말의 주문

'살위칭감사긍'.
조금 생소하지?
이건 내가 마음속에 새긴
말의 여섯 가지 원칙이야.
살리는 말,
위하는 말,
칭찬의 말,
감사의 말,
사랑의 말,
긍정의 말.
이왕 말을 해야 한다면
나는 이런 말을 하고 싶어.
누군가에게 건네는
짧은 한마디가
그 사람의 하루를
환하게 밝혀줄 수 있다면,
그걸로 충분하지 않을까.
말은 생각보다 멀리 가고,
오래 남으니까.

'살위칭감사긍'.
하루에 단 한 번이라도
이 여섯 가지 중 하나의 말을
누군가에게 건네보자.
어쩌면
그 한 마디가
그 사람의 하루를 바꾸고,
내 마음도
조금 더 따뜻해질지 몰라.
좋은 말은
결국 내 얼굴을 바꿔.
그리고, 세상도 바뀌지.
오늘도,
살위칭감사긍-

1도의 여유, 1도의 변화

조금만 다르게 생각해봐.
수십 가지 생각 중
딱 하나만 골라서
그 생각의 각도를 1도만 바꾼다면-
어떤 일이 일어날까?
예를 들면,
'오늘 왠지 회사 가기 싫어…'라는 마음을
'그래도 오늘 뭔가 배우겠지.'
'월급날도 조금씩 다가오고 있잖아.'
이렇게 바꿔보는 거야.
그렇게만 해도
회사에 붙는 꼬리표가 달라져.
'지겹고 피곤한 곳'이
'그래도 고마운 공간'으로,
'어차피 사장만 잘 되는 곳'이
'우리 모두가 함께하는 팀'으로
조금씩 바뀌지.
그 인식이 살짝 달라지는 순간,
출근길 발걸음도,

일하는 마인드도
서서히 변하기 시작해.
작은 생각 하나만 바꿨을 뿐인데,
사람들은 말할지도 몰라.
"요즘 너, 뭔가 다르다?"
1도.
단 1도만 생각을 틀어봐.
그 작은 변화가
언젠가는
네 인생의 방향을
완전히 새롭게 바꿔놓을 테니까.

너의 오늘, 홈런볼처럼

미국 프로야구 오타니 선수의
50호 홈런이 터진 날.
외야석엔
그 상징적인 홈런볼을 잡겠다며
수많은 팬들이 몰려들었어.
다들 글러브를 끼고,
하늘을 올려다보며
기대감과 설렘으로 두근거렸지.
그런데 말이야.
사실 그 공이나
그냥 바닥에 굴러다니는 공이나
물리적으로는 똑같아.
가죽, 실밥, 무게, 크기—
모두 동일한 야구공이지.
하지만 '50호 홈런'이라는
의미 하나가 붙는 순간,
그 공은 62억 원에 거래됐어.
본질은 그대로인데
'의미 하나'가

가치를 31만 배나 끌어올린 거야.
우리 삶도 마찬가지야.
하루하루가 비슷해 보여도,
그 하루에 어떤 의미를 담느냐에 따라
그날의 가치는 완전히 달라지지.
그저 흘러가는 수요일,
별일 없는 목요일이 아니라,
내가 무언가 해낸 하루.
나에게 중요한 하루.
그렇게 만들 수 있어.
그러니까
오늘을 그냥 흘려보내지 말고
네 마음 안에
작은 의미 하나를 얹어봐.
언젠가,
그 하루가
너라는 존재의 상징이 되어줄지도 몰라.
거창하게 바꿀 필요 없어.
의미 하나 얹는 것만으로도

너의 오늘은
50호 홈런처럼 빛날 테니까.

잘 지내고 싶은데, 마음대로 안 될 때

어떤 사람과는
처음부터 대화가 술술 풀리지.
눈빛만 봐도 무슨 뜻인지 알겠고,
말을 꺼내기도 전에
서로의 웃음이 먼저 도착해.
그런데
어떤 사람과는 참 어렵다.
내가 아무리 조심조심 다가가도
자꾸 어딘가 모르게 삐걱거려.
인사를 건네도
그 사람의 표정은 얼음 같고,
문자를 보내도
온기는커녕 미지근한 벽만 느껴진다.
'내가 뭘 잘못했나?'
'이 사람이 나를 싫어하나?'
생각이 꼬리를 물고 이어지면
마음도 덩달아 무거워지지.
괜찮은 척 웃고는 있지만,
속으론 천 번쯤 포기하고 싶은 마음이

파도처럼 몰려왔다가 가라앉는다.
그럴 때는
조금 서러워지기도 해.
왜 이렇게까지 애써야 하나 싶기도 하고.
하지만,
시간이 지나고 나면
조금씩 보이기 시작해.
사람과 사람 사이의 마음은
절대 단순하지 않다는 것.
상대의 차가움이
꼭 나 때문만은 아닐 수 있고,
처음 어긋난 마음이
끝까지 우리를 정의짓는 것도 아니라는 것.
모든 관계가
처음부터 빛나는 건 아니야.
때로는
오랜 시간 먼 길을 돌아야
비로소 따뜻해지는 인연도 있거든.
서로를 오해하고,

말 한마디에 마음이 다치더라도
포기하지 않고
다시 다가서려는 용기.
그게 결국
관계를 지켜주는 진짜 힘이야.

초콜릿을 쏟으며

아내가
피로회복에 좋다고
손에 쥐어준 해바라기 씨앗 초콜릿.
조심스레 손바닥에 털어 먹다가,
그만, 바닥에 와르르 쏟아버렸어.
그렇지.
우리는 누구나
초콜릿을 쏟고 살아가지.
하필이면,
맛있어서 한꺼번에 다 먹지 않고
아껴 먹으려던 초콜릿을 말이야.
일상에서도 꼭 그래.
그 사람의 마음을
잘 지켜주고 싶었는데 상처를 주고,
잘 보이고 싶은 순간에 어리석은 실수를 하고,
좋아하던 과목인데
시험을 망치기도 하고,
소중히 간직하고 싶던 물건을
어느 날엔 문득 잃어버리기도 해.

우리는 그렇게
말실수로,
깜빡함으로,
혹은 무심함으로
소중한 것들을 와르르 쏟아버려.
하지만 말이야-
비록 초콜릿은 쏟아버렸지만,
아내가 내게 건넸던 그 따뜻한 마음,
그건 여전히 내 가슴속에 깊이 남아 있어.
모든 걸 잃는 일은
그렇게 쉽게 일어나지 않아.
실수는 순간이지만,
그 안에 담긴 진심은
오래도록 남는 법이거든.
우린 어쩌면
무언가를 쏟는 순간마다
하나씩 배우며
조금씩 성장하는 것인지 몰라.

epilogue

나보다는 '우리'를 향한 길로

강가에 한 젊은 낚시꾼이 있었다.
월척을 낚을 때마다
조심스럽게 다시 강물에 풀어주곤 했다.
그 모습을 조용히 지켜보던 나그네가
못 이겨 궁금함을 털어놨다.
"아니, 그렇게 큰 걸 낚고 왜 또 놓아주는 거요?"
그러자 젊은 낚시꾼은
미소를 머금고 말했다.
"물고기는 물에서 사는 걸 원하니까요."
그 말 한마디에,
나그네는 한참을
말없이 강물을 바라봤다.
그건 어쩌면,

물고기를 잡는 게 목적이 아니라
물고기와 함께 있는 그 순간 자체를
소중히 여긴다는 뜻이었겠지.
가장 깊은 배려는
상대를 바꾸려 하지 않고,
그가 원하는 삶을
있는 그대로 존중해주는 마음이다.
소유보다는 존재를,
쟁취보다는 공존을,
나보다는 '우리'를 향한 그 길.
그 강가에서
조용히, 하지만 분명하게
시작되고 있었던 거다.

이 책의
마지막 문장에 이르러
나는 다시
강가의 젊은 낚시꾼을 떠올린다.
그는 말했다.
"물고기는 물에서 사는 걸 원하니까요."
어쩌면
이 책도 그런 마음으로 쓰였는지 모르겠다.
누군가를 붙잡거나 바꾸려는 게 아니라,

그저
그 사람이
편히 숨 쉴 수 있는 '물'이 되어주고 싶었다.
그래,
우리 모두
자기만의 물에서 살아가는 존재들이니까.
때론 다가가고,
때론 물러서며,
서로의 물결을 조용히 존중할 수 있다면
그것만으로도
우리는
꽤 따뜻한 세상을
함께 건너고 있는 거 아닐까.

처음이라 어려운 너에게

초판 1쇄 인쇄 2025년 8월 20일
초판 1쇄 발행 2025년 8월 25일

지은이 하우석
펴낸이 곽철식
영업기획 박미애
디자인 임경선

펴낸곳 다온북스
출판등록 2011년 8월 18일 제311-2011-44호
주소 경기도 고양시 덕양구 향동동 391 DMC플렉스데시앙 KA 1504호
전화 02-332-4972
팩스 02-332-4872
전자우편 daonb@naver.com

ISBN 979-11-93035-89-4 (03400)

- 이 책은 저작권법에 따라 보호를 받는 저작물이므로 무단전재와 복제를 금하며, 이 책 내용의 전부 또는 일부를 사용하려면 반드시 저작권자와 다온북스의 서면 동의를 받아야 합니다.
- 잘못되거나 파손된 책은 구입한 서점에서 교환해 드립니다.